LES QUERELLES

RELIGIEUSES & PARLEMENTAIRES

SOUS LOUIS XV

LES QUERELLES
RELIGIEUSES & PARLEMENTAIRES

SOUS LOUIS XV

PAR

LÉON CAHEN
Docteur ès lettres,
Professeur au Lycée Condorcet.

OUVRAGE ILLUSTRÉ DE SIX GRAVURES

PARIS
LIBRAIRIE HACHETTE ET Cie
79, BOULEVARD SAINT-GERMAIN

1913

A M. ERNEST LAVISSE

DE L'ACADÉMIE FRANÇAISE

MON CHER MAÎTRE,

EN inscrivant votre nom en tête de ces petits volumes, nous remplissons un devoir strict : votre influence en a suggéré l'idée, votre appui en a permis la réalisation. Ennemi des formules où se renferme mal la réalité complexe, vous nous avez toujours recommandé de laisser la parole aux contemporains chaque fois que l'occasion s'en présenterait, afin de rendre le passé plus vivant et l'étude de l'histoire plus attrayante pour nos élèves. Partisans convaincus de ces principes pédagogiques, nous avons regretté les obstacles qui — surtout en ce qui concerne la période moderne et contemporaine — s'opposent souvent à son application, et dont le principal est la difficulté de se procurer les textes nécessaires. Le défaut de recueils classiques de documents nous a paru une lacune grave de notre outillage historique, et c'est pour y remédier que nous avons entrepris cette petite collection.

Le but nous en imposait le plan : nous l'avons conçue sous la forme de fascicules peu étendus, dont chacun serait relatif à un grand problème de l'histoire moderne. Parmi les textes que nous avons choisis, beaucoup sont d'ordre narratif ; car si les sources narratives doivent être critiquées sévèrement, elles présentent des avantages tels qu'aucune autre ne peut les remplacer : elles montrent ce que les contemporains pensaient d'un problème et comment ils vivaient ; elles sont seules vraiment évocatrices. Pour éviter au lecteur la fatigue qu'eût entraînée pour lui, à coup sûr, une succession d'extraits discontinus, nous avons relié nos citations par quelques lignes, de manière à donner à l'ensemble l'aspect d'un récit ou d'une exposition synthétique : le même souci nous a conduits à expliquer brièvement, mais avec précision les passages obscurs et les expressions difficiles à saisir. Enfin, ne pouvant produire tous les textes intéressants, nous avons inséré dans nos petits volumes une bibliographie pratique, où les ouvrages qui gardent une valeur actuelle seront seuls mentionnés, et nous indiquons les passages que le défaut de place nous aura empêchés d'insérer, mais dont il est utile de connaître la référence pour s'y reporter au besoin.

Tout ce travail, long et délicat, demandait une compétence avertie : aussi avons-nous confié à des spécialistes le soin de traiter chaque question. Peut-être la diversité des auteurs introduira-t-elle dans la rédaction des fascicules quelque variété : mais elle ne saurait présenter d'inconvénient réel, ni compromettre l'unité de l'ensemble, puisque tous observent la même méthode, qu'ils sont animés du même esprit scientifique, qu'ils n'espèrent — pour prix de leur effort — que la certitude d'avoir fait œuvre utile. Et si quelque chose pouvait leur donner à penser que leur espoir ne sera pas déçu, ce serait les encouragements que vous n'avez cessé de prodiguer à notre entreprise, et dont nous vous sommes profondément reconnaissants.

Acceptez, mon cher maître, l'expression de mes sentiments profondément respectueux et dévoués.

Le Secrétaire de la Collection,

Léon CAHEN,

Professeur au Lycée Condorcet.

LES QUERELLES
RELIGIEUSES ET PARLEMENTAIRES
SOUS LOUIS XV

INTRODUCTION

LES PARLEMENTS ET LE CLERGÉ AU DÉBUT
DU XVIIIᵉ SIÈCLE

I. *LES PARLEMENTS.*

Leur Organisation. — Les anciens Parlements étaient des tribunaux supérieurs : ils ne reconnaissaient au-dessus d'eux que le roi :
d'où leur titre de « cours souveraines ». En 1715, on en compte 12[1],
sans parler de 3 conseils supérieurs[2], qui jouent, pour des provinces
nouvellement acquises, le même rôle qu'eux. Leurs ressorts étaient
d'étendue fort inégale : celui de Paris énorme (les deux tiers de la
France), celui de Pau très restreint. Par suite les diverses « compagnies »
étaient d'importance très variable : à Paris, le chiffre des conseillers
s'élevait à près de 150 ; à Rouen, il était de 100, à Douai de 70.

Les fonctions judiciaires des Parlements avaient dicté leur organisation. Il y avait 4 sections : 1º La *Grand'Chambre*, considérée comme
l'essence même de la Cour ; elle comprenait les conseillers les plus
âgés, connaissait de toutes les affaires civiles, politiques et religieuses
qui n'étaient pas de la compétence des Chambres assemblées : 2º la
Tournelle ou tribunal criminel, dont les juges étaient fournis par rou-
lement ; 3º les *Requêtes*, qui examinaient les placets et prononçaient

---

1. Aix, Besançon, Bordeaux, Dijon, Douai, Grenoble, Metz, Paris, Pau, Rennes, Rouen,
Toulouse. Celui de Nancy fut reconnu par lettres royales de septembre 1775.
2. Alsace, Artois, Roussillon.

sur leur recevabilité ; 4º les *Enquêtes*, qui avaient pour mission de compléter les instructions insuffisantes. Toutes ces sections, placées sous l'autorité du Premier Président, très grand personnage, qui correspondait directement avec les ministres, avaient à leur tête des présidents et présidents à *mortier* [1]. Les *doyens*, c'est-à-dire les conseillers les plus anciennement reçus, opinaient les premiers, après les rapporteurs, présidaient dans certains cas et jouissaient d'une influence réelle. Enfin, près de chaque Cour, il y avait un *parquet*, les *Gens du Roi* (procureur général, avocats généraux, substituts du procureur général) [2], et un greffe.

Le recrutement. — Ces charges, d'abord à la libre nomination du roi, étaient devenues vénales ; et, depuis l'institution de la Paulette [3], les titulaires pouvaient les léguer à leurs héritiers, les vendre, les hypothéquer, les louer (Bretagne), ou en céder la « survivance ». Héritiers ou acquéreurs devaient ensuite obtenir l'agrément, subordonné à une enquête, de la Cour. Après venait la demande des *Lettres de provision* royales. Les pièces exigées par les ordonnances étaient nombreuses : acquits des droits d'usage, certificat de catholicité, extrait baptistaire, diplôme de bachelier en droit, titre d'avocat ou certificat d'assiduité aux audiences, certificat de non-parenté au degré prohibé avec d'autres membres du même Parlement ; mais si l'on avait exécuté les ordonnances, il n'y aurait plus eu de magistrature. Les dispenses de parenté furent fréquentes [4], celles d'âge, innombrables au XVIIIᵉ siècle. A Rennes, 34 présidents et 164 conseillers en obtinrent dont 14 n'avaient pas 20 ans. A Dijon, un Phyot de la Marche fut conseiller à 19 ans et demi et président à 21 ; un Richard de Buffey conseiller à 18 ans. Aussi le gouvernement imposait-il souvent aux candidats l'obligation de rester quelque temps à l'écart : un président des Requêtes de Rennes, nommé à 18 ans, n'avait pas encore voix délibérative au moment de la suppression des Parlements.

Les lettres royales portaient « sous réserve de la capacité » : c'était aux Cours à prononcer sur ce point. Introduit dans la chambre du conseil, le candidat « piquait » au hasard un texte dans le Code des lois romaines que le premier président lui tendait ; puis, après quelques jours de préparation, il se représentait devant la Cour, et le premier président l'interrogeait sur la loi qu'il devait commenter, sur le droit et la pratique. Si l'impression était favorable, le postulant était admis à prêter serment ; sinon, il était ajourné. Mais les ajournements étaient rares. « A l'égard de la science, dit le conseiller breton Desnos des Fossés, on n'y regarde pas de près ; l'examen est léger ». La

---

1. Toutefois les présidents des Enquêtes étaient simplement des conseillers de la Grand'-Chambre, pourvus d'une commission.

2. Il semble qu'au début le procureur général ait été chargé de rédiger des conclusions écrites, et l'avocat général de les soutenir par un plaidoyer ; mais cet usage, qui subsiste à Douai au XVIIIᵉ siècle, semble abandonné dans la plupart des Cours, notamment à Paris.

3. Impôt annuel d'1/60 de la valeur des charges, imaginé par le financier Paulet.

4. Le roi prescrivait seulement que les voix d'une même famille ne compteraient que pour une.

valeur juridique du corps était donc, dans l'ensemble, des plus médiocres.

Rémunération et privilèges. — Après avoir acquitté toute la série des droits de bienvenue, le candidat pouvait enfin s'asseoir, à son rang d'ancienneté, sur « les fleurs de lys » et jouir des privilèges attachés à sa nouvelle qualité. En robe d'écarlate, le chaperon rouge fourré d'hermine sur la tête, il prenait place, derrière le premier huissier, au bonnet de drap d'or fourré d'hermine et brodé de perles, derrière les présidents, magnifiques en leur manteau d'écarlate fourré d'hermine et sous leur mortier de velours noir orné de galons d'or, dans ces somptueux cortèges parlementaires qui se déroulaient les jours de fêtes, à travers les rues, au milieu des acclamations populaires. Il pouvait se réjouir de voir, sur leur passage, la troupe sortir des corps de garde en présentant les armes, et d'être appelé à toutes les grandes cérémonies, Te Deum, visites royales, etc. Personnellement, il s'élevait aussi dans la hiérarchie sociale. S'il n'était pas noble, — ce qui était rare, — il le devenait ; par suite, il était exempt de plusieurs impôts (taille, gabelle, octrois), de certaines charges lourdes (logement des gens de guerre, service de la milice, corvées) ; il était en outre admissible à la plupart des emplois ; et c'était l'habitude de prendre les maîtres des requêtes du Conseil d'État parmi les parlementaires.

Les profits positifs qu'il tirait de sa charge étaient de deux sortes. Les *gages,* autrefois traitement du juge, étaient devenus au xviiie siècle l'intérêt que l'État servait aux magistrats en raison de la finance qu'ils avaient dû consigner. Ils étaient peu considérables, et en outre fort mal payés [1]. En 1769, le Parlement de Metz représentera au roi « l'épuisement dans lequel une interruption de trois années a réduit ses officiers ». Celui de Douai déclare qu'il ne peut plus vivre, et, pour les provinces frontières, pendant les guerres, les gages étaient en effet le plus clair du revenu des magistrats. Les *épices* étaient au contraire la rémunération perçue par les juges pour l'accomplissement de leurs fonctions. Tous les actes judiciaires étaient taxés. Lorsque le juge se déplaçait, il avait droit à une indemnité pour *vacation.* Le montant de ces indemnités variait selon les besognes. Les épices et les vacations réunies ne formaient pas un total considérable : à Rennes, à Metz, entre 500 et 1 500 livres, à Douai, 3 000. Encore ces chiffres ne concernent-ils que les conseillers de la Grand'Chambre, les plus occupés, et même les plus travailleurs d'entre eux. A Paris seulement la rémunération était plus élevée. L'on peut donc s'étonner de la valeur qu'atteignaient à la fin du xviie siècle les charges parlementaires : parfois plus de cent mille

---

1 Les gages étaient de plusieurs sortes : il y avait les gages anciens ou dits anciens, calculés à 3 ou 4 pour 100 ; les gages *intermédiaires,* payés aux familles pour le temps écoulé entre le décès du titulaire, et l'entrée en fonctions du successeur ; enfin les gages *supplémentaires,* intérêt des emprunts forcés que la royauté avait levés à diverses reprises sur les Parlements : fixés d'abord à 6 pour 100, ils furent réduits à 2 pour 100 en 1720. Les magistrats avaient emprunté à raison de 10 pour 100 environ.

livres. Il est vrai que les magistrats obtenaient presque toujours des pensions du roi ; parfois aussi les États provinciaux se montraient généreux envers eux. Il n'en reste pas moins que les sièges aux Parlements furent d'abord recherchés parce qu'ils conféraient la noblesse, et qu'ils continuèrent à l'être, parce qu'ils étaient honorifiques et donnaient à leur titulaire un prestige considérable.

VICES DE LA JUSTICE PARLEMENTAIRE. — Nobles et riches, recrutés parmi une caste en raison de leur naissance, non d'après leur capacité, les Parlementaires ne pouvaient être de bons juges. Les éloges qu'il est d'usage de leur décerner sont immérités. Les noms de la Barre, de Lally-Tollendal, évoquent le souvenir de leurs erreurs et de leur passion. Les persécutions qu'ils dirigèrent, à la fin du XVIIIe siècle, contre Dupaty, l'un des leurs, coupable d'avoir réclamé la réforme de la procédure, attestent leur esprit de routine. On a vu la jeunesse, l'inexpérience, l'ignorance des magistrats. En outre ils n'étaient point assidus, allant souvent à la campagne, d'où ils revenaient avec peine ; il était très difficile parfois de réunir le nombre de juges exigé par la loi. Leur partialité était notoire et souvent scandaleuse. A Rennes, les conseillers attendent, pour inscrire au rôle les affaires de leurs amis, que les circonstances amènent à l'audience un président ou une majorité de juges propice. De parti pris, ils donnent satisfaction, toutes les fois qu'ils le peuvent, aux nobles contre les paysans. De même ils soutiennent les fonctionnaires locaux, leurs parents, contre l'intendant royal, étranger dont ils n'aiment pas le contrôle. Aussi un historien a-t-il pu écrire récemment : « Le Parlement de Bretagne fut vraiment une assemblée nobiliaire, toute acquise et toute dévouée aux classes privilégiées. » Et le jugement vaut dans une large mesure pour tous les Parlements.

Pourtant les populations provinciales n'ont pas détesté les cours souveraines : au contraire. C'est que les villes de parlement, sauf les très grandes tiraient une partie de leur importance de l'existence de la Cour, et de l'afflux des plaideurs. Mais surtout on voyait dans les parlements les représentants des coutumes anciennes, chères au patriotisme local, et les défenseurs nés du peuple contre l'arbitraire royal. Ce qui a fait la force des Parlements, c'est leur action politique.

L'ACTION POLITIQUE : LES REMONTRANCES. — Dès qu'il y eut des Parlements, le roi leur envoya ses ordonnances, édits ou déclarations, qu'ils transcrivirent dans leurs registres. Ce fut l'*enregistrement*, simple formalité à l'origine. Bientôt les cours prirent l'habitude de *remontrer*, c'est-à-dire d'exposer respectueusement les objections de forme et de fond auxquelles prêtait le document transmis : l'enregistrement était naturellement différé jusqu'au reçu de la réponse royale. Ces pratiques offraient le grave inconvénient de sortir les Cours de leurs attributions judiciaires, et de les investir d'une certaine autorité en matière législative. On le vit à l'usage. Enhardis par les crises du XVIe et du XVIIe siècle, par l'exemple du Parlement anglais, leur homonyme, mais non leur analogue, ceux de France cherchèrent à jouer un rôle de plus en plus grand dans l'État : ils prétendirent se placer entre les ministres et le trône, et faire de leur libre enregistrement une condition de la légalité. Au lieu de s'incliner devant la réponse royale, les *lettres de jussion*, ils en contestèrent la validité, exigèrent, pour se soumettre, des lettres *patentes* scellées du grand sceau, récusant les lettres de cachet *closes* ; ils rédigèrent des *itératives* remontrances, que des députations étaient parfois chargées de remettre au souverain. Sans doute, Louis XIV après la Fronde restreignit le droit des Parlements à si peu de chose qu'en fait il le supprima. Mais comme le premier acte du Régent sera de le restituer, qu'ils en jouirent au XVIIIe siècle, et que les remontrances sont des documents capitaux pour l'histoire, il importe de savoir comment elles étaient dressées.

Lorsque le procureur général avait reçu un édit nouveau, il le déposait sur le bureau de la Cour. Les Chambres assemblées en entendaient la lecture, puis délibéraient sur les conclusions des gens du Roi. En général l'on enregistrait sans débat ; si la rédaction déplaisait, parfois le Parlement la corrigeait ; si le désaccord portait sur le fond, il décidait de présenter au roi des remontrances. Tout parlementaire avait droit de réclamer l'assemblée des Chambres, avec l'assentiment de la Grand'-Chambre. S'il faisait partie de celle-ci, et ralliait la majorité de ses collègues, le Parlement était immédiatement convoqué. S'il appartenait — comme c'était le cas ordinaire — aux Enquêtes ou aux Requêtes, formées de magistrats plus jeunes et plus turbulents, la procédure était plus lente. La Chambre du demandeur négociait avec les autres Chambres des Enquêtes et des Requêtes au moyen de délégués : l'accord intervenu, une députation allait demander l'*assemblée* à la Grand'-Chambre, ou bien les conseillers des Enquêtes et des Requêtes, ayant pénétré et pris séance dans celle-ci, un orateur se chargeait d'exposer à la Compagnie le fait qui paraissait motiver une délibération commune. La décision était rendue à la majorité des voix ; chacun *opinait*, à son rang d'ancienneté, en prononçant le nom du conseiller à l'avis duquel il se rangeait ; s'il n'avait rien à dire, il levait sa coiffure et *opinait du bonnet*. Si la majorité votait la rédaction de remontrances, celle-ci était confiée, soit au premier président, soit à des commissaires ; mais elle devait toujours être revue et approuvée par le Parlement tout entier. Les remontrances étaient ensuite envoyées au roi, soit par un courrier, soit par une députation, et elles étaient transcrites sur les registres du greffe.

Les moyens de coercition. — Souvent le roi au XVIIIe siècle admit les procédés des Parlements ; mais il n'était point désarmé contre eux. Il avait dans la compagnie des agents dévoués, non seulement *ses gens*, mais le premier président qui, tenant sa charge de lui, craignait son mécontentement et prouvait son zèle en renseignant la cour sur l'état d'esprit des magistrats, en indiquant la tactique à suivre, surtout en influant sur le choix et le travail des commissaires, intéressés à lui plaire pour être désignés plus souvent comme rapporteurs et gagner plus d'argent. Le premier président pouvait encore, en s'abstenant de présider et en décidant les présidents à mortier à suivre son exemple, empêcher toute délibération utile ; le temps se passait alors en vaines discussions de préséance. Le gouvernement pouvait surtout recourir à la procédure du lit de justice. Le *lit de justice* est caractérisé par la présence, dans un Parlement, du roi ou d'un haut commissaire investi de pleins pouvoirs. Le chancelier, les maîtres des requêtes du Conseil d'État, les princes du sang et pairs y prennent séance s'ils le veulent ; le Parlement redevient pour un instant l'ancienne Cour du roi. Dès lors il n'y a plus de liberté : le passage aux voix est une formalité : le chancelier ou le commissaire annonce la volonté du roi et la fait transcrire tout de suite sur les registres du greffe.

De ces armes, le roi fit fréquemment usage au XVIIIᵉ siècle, parce que les Parlements abusèrent des leurs et entrèrent constamment en conflit avec son autorité. Ils défendirent surtout leurs intérêts, ceux de leur caste et s'opposèrent à des mesures indispensables : mais ils parurent en même temps protéger le contribuable contre le fisc et les dernières libertés contre le despotisme du pouvoir central. Ils furent populaires et devinrent le centre de l'opposition libérale. Et par là l'histoire de leurs conflits avec la royauté présente plus d'intérêt historique que leur rôle effectif n'eut d'importance.

II. *LA SITUATION DE L'ÉGLISE EN 1715.*

C'est surtout à propos des querelles religieuses que les Parlements interviendront au XVIIIᵉ siècle. Ces querelles ont pour cause le double antagonisme des gallicans et des ultramontains, des jansénistes et des jésuites.

Poussé par certains de ses conseillers, Louis XIV, dans l'ardeur de la lutte contre le Saint-Siège à propos des *régales*, fit accepter par une assemblée du clergé la fameuse déclaration des 4 articles (1682).

DÉCLARATION DU CLERGÉ DE FRANCE SUR LA PUISSANCE ECCLÉSIASTIQUE. — « I. — ... Saint Pierre et ses successeurs, ... et toute l'Église même n'ont reçu puissance de Dieu que sur les choses spirituelles, et qui concernent le salut et non point sur les choses temporelles et civiles... En conséquence ... les rois et les souverains ne sont soumis à aucune puissance ecclésiastique par l'ordre de Dieu dans les choses temporelles : ... ils ne peuvent être déposés ni directement, ni indirectement par l'autorité des clefs de l'Église ; ... leurs sujets ne peuvent être dispensés de la soumission et de l'obéissance qu'ils lui doivent, ou absous du serment de fidélité.

II. — ... La plénitude de puissance que le Saint-Siège apostolique et les successeurs de saint Pierre... ont sur les choses spirituelles est telle que les décrets du ... concile ... de Constance... demeurent dans toute leur force et vertu...

III. — ... Ainsi l'usage de la puissance apostolique doit être réglé suivant les canons faits par l'esprit de Dieu et consacrés par le respect général ; ... les règles, les mœurs et les constitutions reçues dans le royaume doivent être maintenues et les bornes posées par nos pères demeurer inébranlables...

IV. — ... Quoique le Pape ait la principale part dans les questions de foi et que ses décrets regardent toutes les églises et chaque église en particulier, son jugement n'est pourtant pas irréformable, à moins que le consentement de l'Église n'intervienne .. »

Le Saint-Siège protesta vivement contre cette déclaration sans pourtant la déclarer schismatique. Louis XIV accepta d'abord la lutte ; mais son courage faiblit vite. En 1693, il se déjuge. Et les signataires de la déclaration durent la désavouer. Cependant Louis XIV se refusa toujours à la condamner ou à l'abroger solennellement. Et autour de lui, nombre d'hommes politiques et de juristes considéraient que si elle n'était plus loi d'Église, elle demeurait loi d'État, la base fondamentale des rapports des deux puissances et du droit public. Ainsi se constitua peu à peu la doctrine gallicane, dont le principal interprète fut à la fin du siècle d'Aguesseau [1].

Les idées de d'Aguesseau. — « Quelque respect, écrit d'Aguesseau, que nous ayons pour le Saint-Siège, nous ne craignons point de dire qu'il n'a aucun droit de faire des lois de police et de discipline qui nous obligent. Chaque église a ses mœurs et c'est aux évêques de chaque nation qu'il appartient de les régler. Rien n'est plus opposé en plusieurs points que notre discipline et celle qui s'observe dans les lieux immédiatement soumis à l'autorité ordinaire du pape. Si nous pouvons suivre d'autres lois que les siennes en ce qui regarde la discipline, nous ne sommes point obligés de les reconnaître.... Nos libertés dont nos pères ont été si justement et si saintement jaloux ne consistent pas seulement à ne pas recevoir des lois contraires à nos mœurs, mais encore à n'avoir point d'autres lois que les nôtres dans ce qui regarde la police et la discipline. Tout ce qu'une puissance étrangère veut entreprendre de faire dans le royaume doit toujours être suspect, quand même dans le fond on n'y trouverait rien que d'innocent. Nous devons vivre sous l'autorité, sous le gouvernement immédiat de nos évêques. » ... « S'il est vrai qu'en matière de foi l'on n'ait pas toujours observé la règle qui veut que le jugement en appartienne aux évêques en première instance, cependant il faut convenir que cette règle est le droit commun dont on ne doit s'écarter que pour des raisons importantes et dans des conjonctures singulières, surtout quand il s'agit de favoriser une puissance qui sait profiter de tout, qui acquiert tous les jours et qui ne perd jamais rien. »

Ainsi selon les gallicans, une décision du Saint-Siège n'a de valeur dogmatique pour le fidèle qu'après avoir été reçue et approuvée par son

---

1. Œuvres, XIII, 329-332.

LES QUERELLES RELIGIEUSES ET PARLEMENTAIRES

évêque. Seule, la voix du concile œcuménique lie l'Église entière, et le prêtre français n'est pas soumis à la justice romaine. Mais ce refus d'admettre l'infaillibilité ou l'absolue souveraineté du pape n'est pas général. Beaucoup, surtout dans le clergé séculier, parmi les évêques récemment nommés, sont d'un autre avis. *Ultramontains*, ils prennent leur mot d'ordre au delà des monts, considèrent que la parole du pontife fait loi, pour l'Église comme pour l'État. A la tête du parti sont le cardinal de Rohan, Bissy qui succédera à Bossuet, et surtout Fénelon.

La querelle janséniste. — Ce conflit allait devenir aigu dans les dix dernières années du règne de Louis XIV, à cause de la querelle janséniste. Fondé sur l'étude de saint Augustin, le jansénisme porte surtout sur la matière de la grâce et sur la valeur des règles morales. Selon lui, la grâce divine est *efficace par elle-même*; elle contraint la volonté, qui autrement pécherait, à faire bien : le sacrifice expiatoire du Christ ne vaut pas pour l'humanité entière, mais pour les élus. L'homme doit mériter la grâce, non seulement par la foi, mais par une longue pénitence, une contrition sincère et profonde : l'absolution ne doit être ni trop fréquente ni trop facile. Cette doctrine austère et âpre, très noble d'ailleurs, fut violemment combattue par une partie du clergé et surtout par les jésuites. Ceux-ci, plus mêlés au monde, professaient une morale plus libérale, et tenaient pour la *grâce suffisante,* qui, laissant à l'homme le libre arbitre, le prédispose à suivre la voie du salut et rend probable l'accomplissement du bien.

Le pape condamna cinq propositions attribuées à Jansénius; les jansénistes déclarèrent que les propositions incriminées n'étaient pas de leur docteur. Le Saint-Siège persista d'abord dans son attitude et Alexandre VII, après avoir confirmé la constitution d'Innocent X, obligea tous les prêtres par la bulle *Regimini* (15 février 1665) à souscrire le formulaire suivant :

« Je soussigné me soumets à la C^on Apost. d'Innocent X... donnée le 31. jour de mai de l'an 1653 et à celle d'Alexandre VII son successeur, donnée le 16. d'octobre 1656. et rejette et condamne sincèrement les 5 propositions extraites du livre de C. Jansénius intitulé Augustinus dans le propre sens du même auteur, comme le S.-A. les a condamnés par les mêmes constitutions. je le jure ainsi. Aussi Dieu me soit en aide. »

Mais avec Clément VII, un esprit plus libéral se manifesta. Pénétré d'estime pour les vertus des jansénistes, inquiet d'ailleurs des accusations portées contre les jésuites et des scandales tels que celui du rituel de Chine, poussé par les vieilles congrégations d'enseignement et de missions, Jacobins, Oratoriens, Lazaristes, qui, effrayés des progrès du Gésu, réclamaient de Rome la défense de la doctrine augustinienne ou thomiste professée dans leurs couvents, et de leurs prérogatives tout ensemble, le Saint-Siège fit tout son possible pour calmer les querelles religieuses. Tous ceux qui souscriraient le formulaire d'Alexandre, et garderaient sur la question litigieuse un *silence respectueux,* devaient être traités en bons catholiques. Ce fut la *paix clémentine.*

Sous Innocent XI, pontife très libéral, cette politique de tolérance s'accentua. Mais les jansénistes commirent, à la fin du XVIIe siècle, l'insigne faute de rompre le silence qui faisait leur sauvegarde. Les jésuites et les ultramontains se hâtèrent d'en profiter. Unis grâce à Fénelon, qui préparait sa revanche sur Bossuet, ils dominaient par lui le duc de Bourgogne, par l'évêque de Chartres, Mme de Maintenon, par le P. le Tellier le roi. Ils poussèrent Louis XIV à extirper de ses États cette secte toujours relapse : la destruction de l'hérésie janséniste devait être, plus que la conversion des protestants, la grande affaire de son règne, et la seule expiation de ses péchés.

Le roi céda, comme toujours, quand il s'agissait du salut, et d'autant plus aisément qu'il détestait les jansénistes. Une première démarche ne fut pas heureuse. La bulle *Vineam Domini Sabbaoth* n'écrasa pas l'hérésie. Les jansénistes soutinrent que leur maître n'avait pas voulu donner à son œuvre le sens incriminé, et que sa doctrine réelle était pure. Surtout la bulle donna l'occasion aux gallicans de renouveler leurs prétentions : même les évêques les plus dévoués au pape affirmèrent les libertés gallicanes, et déclarèrent, avec les autres, en acceptant la constitution pontificale : « nous n'agissons pas en simples exécuteurs des décrets apostoliques ; mais ... jugeons ... et prononçons avec le pape ».

Au parti jésuite et ultramontain il fallait une revanche éclatante : il en trouva vite l'occasion. Le cardinal de Noailles, archevêque de Paris, le seul défenseur puissant des jansénistes, avait en 1699, en qualité d'évêque de Châlons, approuvé le livre des *Réflexions morales sur l'ancien et le nouveau Testament*, qui avait pour auteur le P. Quesnel, un des chefs de la secte. En faisant condamner le livre par le Saint-Siège, on atteignait Noailles. S'il défendait l'ouvrage, il se livrait à ses ennemis — sinon le jansénisme sans protecteur était écrasé. Le roi demanda donc une bulle nouvelle contre les *Réflexions* et le pape, après avoir beaucoup résisté, finit par l'accorder en 1713. C'est la fameuse *Unigenitus*.

LA BULLE UNIGENITUS. — Elle condamne 101 propositions qui souvent se répètent. En voici quelques-unes, groupées selon la matière dont elles traitent.

« La grâce de J.-C., principe efficace de toute sorte de bien, est nécessaire pour toute bonne action ; sans elle, non seulement on ne fait rien, mais on ne peut rien faire (n° 2). Le pécheur n'est libre que pour le mal, sans la grâce d'un libérateur (38). Quand Dieu accompagne son commandement et sa parole éternelle de l'onction de son esprit et de la force intérieure de sa grâce, elle opère dans le cœur l'obéissance qu'elle demande (15).

La différence entre l'alliance judaïque et la chrétienne consiste en ceci, que, dans la première, Dieu ordonne de fuir le péché et d'accomplir sa loi au pécheur qu'il abandonne à son impuissance, au lieu que, dans la seconde, Dieu donne au pécheur ce qu'il ordonne en le purifiant par la foi (6).

La foi est la première grâce et la source de toutes les autres (27). La bonté de Dieu a abrégé la voie du salut en renfermant tout dans la foi et dans les prières (68). Tous les autres moyens de salut sont renfermés dans la foi comme dans leur germe et leur semence (52). La foi justifie quand elle opère ; mais elle n'opère que par la Charité (51). Seule la Charité parle à Dieu ; seule Dieu l'entend (54). Il n'y a ni Dieu ni religion, où il n'y a point de Charité (58).

Qui ne s'abstient du mal que par la crainte du châtiment le commet dans son cœur et est coupable déjà devant Dieu (62). Qui veut s'approcher de Dieu ne doit ni venir à lui avec des passions brutales, ni se conduire par un instinct naturel ou par la crainte comme les bêtes, mais par la foi ou l'amour comme les enfants (66).

J.-C. se livra à la mort pour libérer à jamais par son sang les aînés, c'est-à-dire, les élus de la main de l'ange exterminateur (32). La marque de l'Église chrétienne est d'être catholique, puisqu'elle comprend et tous les anges du ciel, et tous les élus, et les justes de la terre et de tous les siècles (72).

Il est utile et nécessaire en tout temps, en tous lieux et à toutes sortes de personnes d'étudier et de connaître l'esprit, la piété et les mystères de l'Écriture sainte (79). La lecture de l'Écriture sainte est pour tout le monde (80). C'est une illusion de s'imaginer que la connaissance des mystères de la religion ne doive pas être communiquée [aux femmes] par la lecture des livres saints : ce n'est pas de la simplicité des femmes, mais de la science orgueilleuse des hommes qu'est venu l'abus des écritures et que sont nées les hérésies (63).

C'est une conduite pleine de sagesse, de lumière et de charité de donner aux âmes le temps de porter avec humilité et de sentir l'état du péché, de demander l'esprit de pénitence et de contrition, et de commencer au moins à satisfaire à la justice de Dieu avant que de les réconcilier (87).

La crainte d'une excommunication injuste ne doit jamais nous empêcher de faire notre devoir. On ne sort jamais de l'Église lors même qu'il semble qu'on en soit banni par la méchanceté des hommes quand on est attaché à Dieu, à J.-C. et à l'Église même par la charité (91). L'état d'être persécuté et de souffrir comme un hérétique, un méchant, un impie est ordinairement la dernière épreuve et la plus méritoire, comme celle qui donne plus de conformité à J.-C. (98).

Toutes ces propositions étaient qualifiées par la bulle de fausses, captieuses, mal sonnantes, offensantes pour les personnes pieuses, scandaleuses, pernicieuses, téméraires, outrageantes pour l'Église, ... pour les puissances, séditieuses, impies, blasphématoires, suspectes d'hérésie et sentant l'hérésie, favorables à l'hérésie, aux hérétiques et au schisme, erronées, approchantes de l'hérésie et souvent condamnées : enfin hérétiques et renouvelant diverses hérésies, principalement celles ... de Jansenius, prises dans le sens dans lequel elles ont été condamnées.

L'opposition a la Bulle. — Pour recevoir la Bulle, le roi réunit les évêques qui sont à sa suite, et dont la plupart sont à sa dévotion. Mais

LES MÉFAITS DE LA BULLE UNIGENITUS

(Caricature du début du XVIIIe siècle. Bib. Nationale. Cat. des Estampes.)

PENDANT QUE LES DOCTEURS DES DEUX PARTIS SE COMBATTENT, LA PLUME EN MAIN.
LES LOUPS EMPORTENT LA BERGERIE

il n'obtient pas l'obéissance passive qu'il avait promise au pape. La majorité des ecclésiastiques, en acceptant la condamnation pontificale, tient à la communiquer, à l'expliquer aux fidèles par une instruction pastorale où ils revendiquent les libertés gallicanes. Même ils semblent admettre avec peine la censure des propositions qui regardent la matière des excommunications. Une minorité est plus audacieuse. 7 évêques et le cardinal de Noailles, sans entrer dans la discussion au fond, se séparent de leurs collègues. Du pape trompé, ils en appellent au pape mieux informé. C'est en vain que le roi les presse, les somme de se rétracter, qu'il écarte Noailles de Versailles et projette de réunir un concile pour le déposer. Lorsqu'il meurt, il n'a rien obtenu.

Chose grave, ces opposants ont pour eux le Parlement qui n'a enregistré la bulle que contraint et forcé, et qui regrette d'avoir dû céder, le clergé paroissial, les Oratoriens, la Sorbonne qui voient dans la bulle une atteinte à la doctrine augustinienne et aux privilèges gallicans, une victoire des jésuites et des ultramontains. Et cette lutte pour ou contre l'acceptation de la bulle Unigenitus occupera la plus grande partie du XVIIIe siècle.

BIBLIOGRAPHIE. — I. PARLEMENTS : FLAMMERMONT et TOURNEUX, *Remontrances du Parlement de Paris* (dans la Collection des Documents inédits de l'histoire de France), Paris, 1888-1898, 3 vol. in-4° ; GLASSON, *Histoire du Parlement de Paris*, t. II, Paris, 1901, in-8 ; FLOQUET, *Histoire du Parlement de Normandie*, t. VI, Rouen, 1842, in-8 ; LEMOY, *Le Parlement de Bretagne et le pouvoir royal au XVIIIe siècle*, Angers, 1909, in-8 ; ID., *Les remontrances du Parlement de Bretagne au XVIIIe siècle*, ibid. ; SAULNIER DE LA PINELAIS, *Les gens du roi au Parlement de Bretagne*, Paris, 1902, in-8 ; SAULNIER, *Le Parlement de Bretagne*, Rennes, 1909, gr. in-4 ; CABASSE, *Essais historiques sur le Parlement de Provence*, Paris, 1826, 3 vol. in-8 ; PILLOT, *Histoire du Parlement de Flandre*, Douai, 1849, 2 vol. in-8 ; PETITOT, *Continuation de l'histoire de Bourgogne (1649-1733)*, Dijon, 1733, in-8 ; A. S. DES MARCHES, *Histoire du Parlement de Bourgogne, de 1733 à 1790*, Chalon, 1851, in-8 ; DE LA CUISINE, *Le Parlement de Bourgogne depuis son origine jusqu'à sa chute*, Dijon, 1857, 2 vol. in-8 ; MICHEL, *Histoire du Parlement de Metz*, Paris, 1845, gr. in-8 ; DUBÉDAT, *Histoire du Parlement de Toulouse*, Paris, 1885, 2 vol. in-8 ; ESTIGNARD, *Le Parlement de Franche-Comté (1674-1790)*, Paris, 1892, 2 vol. in 8 ; GUYOT, *Répertoire de jurisprudence*, t. XLIV, Paris, 1785, in-8.

II AFFAIRES RELIGIEUSES : LAVISSE, *Histoire de France*, t. VII (2e partie) et VIII (1re partie), Paris ; MENTION, *Documents relatifs aux rapports du clergé avec la papauté*, I (1682-1705), II (1705-1790), Paris, 1901-1903, in-8 ; PICOT, *Mémoires pour servir à l'histoire ecclésiastique du XVIIIe siècle*, Paris, 1855-57, 2 vol. in-8 ; DORSANNE (l'abbé), *Journal*, 2e éd., Rome, 1753, 6 vol. in-12 ; LAFITAU, *Histoire de la Constitution Unigenitus*, Avignon, 1757-58, 2 vol. in-4 ; D'AGUESSEAU, *Œuvres*, Paris, 1759-1789, 13 vol. in-4 ; LE ROY, *Le Gallicanisme au XVIIIe siècle : la France et Rome de 1700 à 1813*, Paris, 1892, in-8 ; CROUSAZ-CRÉTET, *L'Église et l'État ou les deux puissances au XVIIIe siècle*, Paris, 1803, in-8.

Les textes pris dans cet ouvrage sont désignés sommairement par la lettre F, suivie des chiffres du volume et de la page.

CHAPITRE I
LES AFFAIRES PARLEMENTAIRES SOUS LA RÉGENCE

I. L'EXALTATION DES PARLEMENTS : LA SÉANCE DU 2 SEPTEMBRE 1715 || L'ARRÊT DE RÉGENCE || LA DÉCLARATION DE VINCENNES.
II. L'HUMILIATION DU PARLEMENT DE PARIS : L'ARRÊT DU CONSEIL DE 1718 || LE LIT DE JUSTICE DU 26 AOUT || LA TRANSLATION A PONTOISE || LA VIE A PONTOISE || L'ENNUI DU PARLEMENT || LE RETOUR DU PARLEMENT || LE LIT DE JUSTICE DE 1725.
III. A RENNES.

I. *L'EXALTATION DES PARLEMENTS.*

Dès la mort de Louis XIV, le duc d'Orléans qui avait déjà pour lui les officiers des gardes vint à Paris conférer avec les partisans qu'il avait dans le Parlement : il fut convenu qu'il demanderait à celui-ci la régence, en annonçant des concessions. C'est ce qui eut lieu dans la séance du 2 septembre 1715, où les pairs assistèrent (F. I, 29).

LA SÉANCE DU 2 SEPTEMBRE 1715

Le duc prononça d'abord l'éloge du feu roi ; puis il aborda la question de la régence.

Après avoir reçu le viatique, il [Louis XIV] m'appela et me dit : « Mon neveu, j'ai fait un testament où je vous ai conservé tous les droits que vous donne votre naissance ; je vous recommande le Dauphin : ... s'il vient à manquer, vous serez le maître, et la couronne vous appartient... » Il finit en me disant : « J'ai fait les dispositions que j'ai cru les plus sages ; ... s'il y a quelque chose qui ne soit pas bien, on le changera... » Je suis donc persuadé que, suivant les lois du royaume, suivant les exemples de ce qui s'est fait dans de pareilles conjonctures, et suivant la destination même du feu roi, la régence m'appartient ; mais je ne serai pas satisfait, si, à tant de titres qui se réunissent en ma faveur, vous ne joignez pas vos suffrages et votre approbation, dont je ne serai pas moins flatté que de la régence même. Je vous demande donc, lorsque vous aurez lu le testament que le feu roi a déposé entre vos mains, et les codicilles que je vous apporte, de ne point confondre mes différents titres, et de délibérer également sur l'un et sur l'autre, c'est-à-dire sur le droit que ma naissance m'a donné, et sur celui que le testament y pourra ajouter. Je suis persuadé même que vous jugerez à propos de commencer par délibérer sur le premier; mais, à quelque titre que j'aie droit à la régence, j'ose vous assurer, messieurs, que je la mériterai par mon zèle pour le service du roi et par mon amour pour le bien public, surtout étant aidé par vos conseils et par vos sages remontrances...

Puis il réclame l'ouverture du testament et des codicilles. Les gens du roi ayant remis des conclusions conformes, le premier président va aux voix et demande successivement « leur avis à M. Le Nain, doyen, puis à M. Le Meusnier et à M. Robert, aux conseillers d'honneur, maîtres des requêtes et conseillers de la Grand Chambre, qui étaient en haut derrière messieurs les présidents, aux présidents et conseillers des enquêtes et requêtes, à messieurs les pairs en remontant depuis le dernier jusqu'à l'archevêque duc de Reims sans ôter son bonnet, et les nommant tous par le titre de leurs pairies; à messieurs les princes du sang en leur ôtant à tous son bonnet et leur faisant une profonde inclination, finissant par M. le duc d'Orléans... et enfin à messieurs les présidents, son bonnet à la main sans les nommer. »

Les conclusions adoptées, lecture est donnée du testament du roi.

M. le duc d'Orléans, prenant la parole, a dit que... il ne pouvait pas n'être point touché de voir que l'on ne lui déférait pas un titre... dû à sa naissance, et dont il avait lieu de se flatter par les dernières paroles que le feu roi lui avait dites...; que comme la Compagnie avait ordonné qu'il serait statué séparément sur les droits de sa naissance après la lecture du testament, il insistait... à ce que la Cour opinât sur la régence, avant qu'il fît ses observations sur quelques articles du testament et sur le commandement des troupes.

Les gens du roi appuyent cette demande et un arrêt donne la régence au duc. Mais celui-ci voulait le pouvoir total et l'abaissement du duc du Maine. Il reprend la parole et dit :

Que le conseil, tel que le Roi l'avait formé par son testament, aurait pu suffire à un prince expérimenté dans l'art de régner..., mais qu'il avouait avoir besoin de plus grands secours...; que jusqu'à présent une seule personne avait été chargée d'une seule matière ;... mais qu'il croyait devoir proposer d'établir plusieurs conseils pour discuter les affaires qui seraient ensuite réglées au conseil de la régence, où l'on pourrait peut-être faire entrer quelques-uns de ceux qui auraient assisté aux conseils particuliers; que c'était un des plans qui avaient été formés par M. le Dauphin, dernier mort..., que… il en ferait un projet qu'il communiquerait à la Compagnie, dont les avis seraient toujours d'un grand poids sur son esprit ;… qu'il connaissait trop son peu d'expérience pour prendre sur lui seul la décision d'affaires aussi importantes… qu'il se soumettait volontiers à la pluralité des suffrages, mais qu'il demandait la liberté d'y appeler telles personnes qu'il estimerait convenables…

Que l'éducation du roi était remise en de très bonnes mains, puisqu'elle était donnée à M. le duc du Maine ; mais qu'il avait sur cela deux réflexions à faire faire à la Cour. La première, qu'il ne pouvait voir déférer à un autre qu'à lui, régent, le commandement des troupes de la maison du Roi ; que la défense du royaume résidait en la personne du régent, et qu'il devait… être le maître… de faire marcher les troupes et même celles de la maison du roi partout où le besoin de l'État l'exigerait, qu'ainsi il demandait le commandement entier des troupes, même de celles de la maison du roi ; — que la seconde réflexion qu'il avait à faire… était qu'il n'était pas convenable que M. le Duc fût dans la dépendance de M. le duc du Maine pour ses fonctions de la charge de grand maître de la maison du Roi.

Le duc du Maine réplique, mais en vaincu :

J'avais bien senti, et j'avais même pris la liberté de le représenter au Roi… que le commandement continuel de toute sa maison militaire était fort au-dessus de moi ; mais il me ferma la bouche en me disant que je devais respecter toujours ses volontés. Je ne crois donc pas avoir la liberté de m'en désister ; j'assure cependant que c'est sans aucune peine que je vois discuter cet article, que je sacrifierai toujours très volontiers mes intérêts au bien et au repos de l'État, et que je ne ferai point de difficulté à me soumettre à ce qui sera décidé…

Les gens du roi, visiblement embarrassés, peut-être en désaccord, demandèrent l'ajournement du débat à l'après-midi, et la séance est remise à 3 heures. Le duc d'Orléans, pressentant une résistance, voulut la prévenir par de nouvelles concessions. Il déclara :

Qu'après des réflexions plus sérieuses, il était bien aise de s'expliquer sur l'établissement des divers conseils dont il avait parlé le matin ;… qu'outre le conseil de régence où se rapporteraient toutes les affaires, il était nécessaire d'établir un conseil de guerre, un conseil de finance, un conseil de marine, un conseil pour les affaires étrangères, et un conseil pour les affaires du dedans du royaume ; qu'il jugeait même important de former un conseil de conscience composé de personnes attachées aux maximes du royaume, et qu'il espérait que la Compagnie ne lui refuserait pas quelques-uns de ses magistrats qui, par leur capacité et leurs lumières, pussent y soutenir les droits et les libertés de l'Église gallicane.

Qu'à l'égard du conseil de régence, il était dans la résolution de se soumettre à la pluralité des suffrages... ; mais du moment qu'il s'assujettissait à cette condition,... la compagnie voudrait bien lui donner la liberté de retrancher, d'ajouter et de changer ce qu'il lui plairait dans le nombre et le choix des personnes dont ce conseil serait composé ; qu'il demandait encore que l'on exceptât de ce qui serait soumis à la pluralité des voix la distribution des charges, emplois, bénéfices et grâces ; qu'il voulait être indépendant pour faire le bien, et qu'il consentait qu'on le liât tant qu'on voudrait pour ne point faire le mal.

Que pour ce qui regardait les autres conseils, il demandait aussi la liberté de les former et qu'il offrait d'en communiquer le projet... Qu'il ne pouvait absolument se départir d'un droit... inséparable de la régence, et qui regardait la sûreté de l'État, qu'on ne pouvait pas même en excepter le commandement des troupes employées chaque jour à la garde du roi ; que l'autorité militaire devait tou-jours se réunir dans une seule personne... ; que les officiers même qui commandaient... la maison du roi regardaient comme le plus beau privilège de leurs charges de ne recevoir l'ordre que de la personne du roi ou du régent qui le représente.

Les gens du roi se lèvent, font l'éloge du régent et du projet de polysynodie, ils proposent de donner au duc du Maine le titre de *superintendant à l'éducation du roi* : pour les difficultés relatives au com-mandement de la garde du roi et à la situation du duc de Bourbon, ils en reconnaissent la gravité : ils avaient pensé d'abord à tout concilier en donnant au duc du Maine le commandement de ces troupes sous l'autorité du régent.

Mais les chefs des différents corps prétendent être en droit et en possession de ne recevoir aucun ordre que de la personne du Roi même ;... ils soutiennent... qu'ils ne peuvent et ne doivent obéir en ce cas qu'au seul régent... : cette discipline militaire dont ils ne sont point instruits par eux-mêmes mais qui n'a point été contre-dite ôte toute espérance de conciliation... et les oblige de retom-ber dans la règle commune qui ne souffre aucune division dans le commandement des troupes.

Après quelques mots du duc du Maine qui, sans plus se défendre, se borne à protester qu'il ne peut répondre que de son zèle, les gens du

LIT DE JUSTICE TENU PAR LOUIS XV

(Esquisse au lavis.)

IL NE S'AGIT PAS DU LIT DE JUSTICE DU 12 SEPTEMBRE 1715;
MAIS PROBABLEMENT DE CELUI DU 22 FÉVRIER 1723, TENU POUR PROCLAMER LA MAJORITÉ DU ROI;
ON REMARQUERA L'ASPECT DE LA GRAND'CHAMBRE DU PARLEMENT : LES GENS DU ROI SONT A GENOUX

roi se retirent, l'on va aux voix et les propositions du parquet sont approuvées. L'arrêt qui les consacre est ainsi conçu : (F. I, 29).

ARRÊT DONNANT LA RÉGENCE AU DUC D'ORLÉANS

La Cour, toutes les Chambres assemblées, où étaient les princes du sang et les pairs..., a déclaré et déclare M. le duc d'Orléans régent en France pour avoir en ladite qualité l'administration des affaires du royaume pendant la minorité du Roi ; ordonne que le duc de Bourbon sera dès à présent chef du conseil de la régence et sous l'autorité de M. le duc d'Orléans et y présidera en son absence ; que les princes du sang royal auront aussi entrée audit conseil lors qu'ils auront atteint l'âge de 23 ans accomplis et après la déclaration faite par M. le duc d'Orléans qu'il entend se conformer à la pluralité des suffrages dudit conseil de la régence dans toutes les affaires, à l'exception des charges, emplois, bénéfices et grâces qu'il pourra accorder à qui bon lui semblera, après avoir consulté le conseil de régence sans être néanmoins assujetti à suivre la pluralité des voix à cet égard, ordonne qu'il pourra former le conseil de conscience, même tels conseils inférieurs qu'il jugera à propos et y admettre les personnes qu'il jugera les plus dignes, le tout suivant le projet que M. le duc d'Orléans a dit qu'il communiquera à la Cour ; que le duc du Maine sera surintendant à l'éducation du roi, l'autorité entière et commandement sur les troupes de la maison dudit seigneur roi, même sur celles qui sont employées à la garde de sa personne, demeurant à M. le duc d'Orléans et sans aucune supériorité du duc du Maine sur le duc de Bourbon, grand maître de la maison du Roi.

LA DÉCLARATION DE VINCENNES

Le duc d'Orléans tint sa promesse. Dès le 15 septembre, il restitua aux Parlements le droit de remontrances par la déclaration de Vincennes, dont voici les passages essentiels.

La fidélité, le zèle et la soumission avec laquelle notre Cour de Parlement a toujours servi le roi... nous engageant à lui donner des marques publiques de notre confiance, et surtout dans un temps où les avis d'une Compagnie aussi sage qu'éclairée peuvent nous être d'une si grande utilité, nous avons cru ne pouvoir rien faire de plus honorable pour elle et de plus avantageux pour notre service même que de lui permettre de nous représenter ce qu'elle jugera à propos, avant que d'être obligée de procéder à l'enregistrement...

A ces causes, voulons... que lorsque nous adresserons à notre

Cour... des ordonnances,... notre dite Cour, avant que d'y procéder, puisse nous représenter ce qu'elle jugera à propos pour le bien public... ; et ce dans la huitaine au plus tard du jour de la délibération qui en aura été prise ; sinon et à faute de ce temps, il y sera par nous pourvu.

II. *L'HUMILIATION DU PARLEMENT DE PARIS.*

Les Parlements usèrent tout de suite de leur prérogative. Dès le 13 mai 1716, celui de Paris dresse des remontrances, à propos du rétablissement de la surintendance des postes et de celle des bâtiments ; remontrances encore le 9 septembre 1717 sur la taxe des maisons et la conversion des billets d'État, mesures fiscales nouvelles qui frappaient lourdement les propriétaires et les rentiers, le 26 janvier 1718 sur le non-payement des rentes de l'Hôtel de Ville. Le ton devient de plus en plus agressif : aussi le Régent, qui avait d'abord cherché à satisfaire la Cour, change-t-il d'attitude ; et, lorsque le Parlement s'oppose aux projets de Law, décide-t-il des mesures énergiques contre lui. Il renvoie le chancelier d'Aguesseau, confie les sceaux à Voyer d'Argenson, ennemi déclaré des Parlements, et restreint la portée de la déclaration de 1715.

ARRÊT DU CONSEIL DU 21 AOUT 1718

Le roi.., informé que le Parlement de Paris, à l'instigation de gens mal intentionnés, et contre l'avis des plus sages de cette compagnie, abusant... des remontrances, fait continuellement de nouvelles tentatives pour partager l'autorité souveraine.... proposer ou réitérer ses remontrances après le terme prescrit..., les faire prévaloir sur la volonté du roi..., se dire ou se prétendre le conseil nécessaire de S. M. et de l'État, abuser des exemples des précédentes minorités, dont les divisions intérieures ou les guerres étrangères avaient troublé la tranquillité, renoncer presque entièrement à l'administration de la justice pour s'occuper de l'examen, ou plutôt de la critique des affaires du gouvernement..., ordonne... :

Art. 1. Le Parlement de Paris pourra continuer de faire... des remontrances sur les ordonnances... qui lui seront adressées... dans la huitaine, et dans la forme prescrite par l'article ; du titre I de l'ordonnance de 1667, lui défend S. M. de faire aucunes remontrances, délibérations ni représentations sur les ordonnances, édits... qui ne lui auront pas été adressés.

2. ...Veut S. M. que, faute... de faire ses remontrances dans la huitaine,... les édits... soient réputés et tenus pour enregistrés...

4. ...Faute... de remettre ses remontrances par écrit [1] à l'un des secrétaires d'État... huit jours après... l'ordre, les édits, déclarations... seront censés enregistrés.

5. ...Les remontrances écoutées ou reçues par S. M., s'il lui plaît d'ordonner que les édits seront enregistrés, le Parlement sera tenu d'y satisfaire sans délai ; sinon l'enregistrement sera censé en avoir été fait,... sauf, après l'enregistrement, de faire de nouvelles remontrances auxquelles S. M. aura tel égard qu'il appartiendra.

6. S. M. défend expressément audit Parlement... d'interpréter les édits... ; et en cas que quelques articles lui paraissent sujets à interprétation, le Parlement... pourra... représenter à S. M. ce qu'il estimera convenable à l'utilité publique, sans que l'exécution puisse en être sursise...

7. N'entend S. M. que le Parlement puisse inviter les autres cours à aucune association, union,... assemblée par députés ou autrement, sans la permission expresse et par écrit de S. M.

8. Lui défend pareillement de faire aucune assemblée ou délibération, touchant l'administration de ses finances, ni de prendre connaissance d'aucunes affaires qui concernent le gouvernement de l'État, si S. M. ne trouve bon de lui en demander son avis par un ordre exprès.

Cette déclaration fut communiquée au Parlement avec les deux édits réglant l'état des princes légitimés, aussitôt après le conseil, où le régent signa celle-ci, dans un lit de justice tenu aux Tuileries. Les magistrats, prévenus seulement au matin, ne purent se rassembler ni rien prévoir : après une courte hésitation, ils décidèrent de se rendre tout de suite à la convocation royale.

LE LIT DE JUSTICE DU 26 AOUT 1718

Le garde des sceaux d'Argenson reprocha d'abord au Parlement ses prétentions inadmissibles, et paraphrasa le préambule de la déclaration. Il conclut en ces termes (F. I, 109) :

Ainsi le Parlement pouvant tout sans le Roi, et le Roi ne pouvant rien sans son Parlement, celui-ci deviendrait bientôt le législateur nécessaire du royaume, et ce ne serait plus que sous son bon plaisir que S. M. pourrait faire savoir à ses sujets quelles sont ses intentions.

Après la lecture de la déclaration, M. le Garde des Sceaux ayant dit : « Les Gens du Roi peuvent parler », lesdits Gens du Roi mis

[1] Lorsque le roi les demande sous cette forme.

à genoux, il leur a dit au nom du Roi, de se relever, et M⁰ Guillaume de Lamoignon,... portant la parole, ils ont dit :

« Sire, Nous sommes également surpris et affligés du courroux que V. M. témoigne à son Parlement... Les lettres patentes dont V. M. vient d'ordonner qu'il soit fait lecture contiennent des matières si importantes qu'elles mériteraient les observations les plus profondes et les plus étendues ; nous ne pouvons trop la supplier de faire encore toutes les réflexions que sa sagesse et sa prudence peuvent lui inspirer dans cette rencontre. ...Que si néanmoins Elle persiste, comme nous ne pouvons en douter par l'éclat et l'appareil avec lequel Elle déploie son autorité..., la présence de V. M., son très exprès commandement et le devoir de nos charges nous obligent de requérir que, sur le repli des lettres, il soit mis qu'elles ont été lues, publiées, V. M. séant en son lit de justice et enregistrées pour être exécutées en leur forme et teneur. »

Après quoi M. le premier président et MM. les présidents, conseillers et autres officiers de la Cour ayant mis le genou en terre, M. le premier président a voulu commencer à parler, et lui ayant été dit de la part du Roi de se lever, ils se sont tous levés, et M. le premier président a continué de parler en ces termes :

« Sire.., la Compagnie.., ayant prévu, dans l'ignorance où elle était de ce dont il s'agissait, qu'il pourrait se présenter quelque occasion de délibérer, m'a chargé de représenter en ce cas-là, à V. M... que, si Elle voulait bien avoir la bonté d'ordonner que l'on nous communiquât les matières sur lesquelles Elle nous ordonnerait d'opiner, nous serions alors en état de lui dire les sentiments de son Parlement... »

Sur ce, M. le Garde des Sceaux, monté vers le Roi, ayant mis un genou en terre, descendu, assis et couvert, a dit : « Le Roi veut être obéi sur-le-champ. » Et, retourné vers le Roi, a été ensuite aux pairs laïques et ecclésiastiques et dans tous les rangs.., et revenu en son siège, assis et couvert, a dit :

« Le Roi séant en son lit de justice, de l'avis du duc d'Orléans, régent, ordonne que la présente déclaration sera enregistrée au greffe de son Parlement. »

Voici d'autre part quelques passages du récit que Saint-Simon nous a laissé de la séance. On se souviendra seulement que Saint-Simon, très fier d'être duc et pair, était l'ennemi de la noblesse de robe et des légitimés, et que son témoignage en cette circonstance, où le Régent humiliait le Parlement et le duc du Maine, est doublement suspect de partialité.

LES QUERELLES RELIGIEUSES ET PARLEMENTAIRES

RÉCIT DE SAINT-SIMON

Je la promenai [ma prunelle], sur tout le Parlement, j'y vis un étonnement, un silence, une consternation auxquels je ne me serais pas attendu... Le premier président insolemment abattu, les présidents déconcertés, attentifs à tout considérer, me fournissaient le spectacle le plus agréable... [Pendant le discours du Garde des Sceaux] une consternation générale se répandit sur tous les visages... Une douleur amère et qu'on voyait pleine de dépit obscurcit le visage du premier président. La honte et la confusion s'y peignit. Ce que le jargon du Palais appelle le grand banc... baissa la tête à la fois... Ce fut bien pis à la lecture de la Déclaration. Chaque période semblait redoubler tout à la fois l'attention et la désolation de tous les officiers du Parlement, et ces magistrats si altiers,... frappés d'un châtiment si fort et si public, se virent ramener au vrai de leur état avec cette ignominie sans être plaints que de leur petite cabale... Ce fut là où je savourai, avec tous les délices qu'on ne peut exprimer, le spectacle de ces fiers légistes qui osent nous refuser le salut, prosternés à genoux et rendre à nos pieds un hommage au trône, tandis qu'assis et couverts, sur les hauts sièges aux côtés du même trône, ces situations et ces postures, si grandement disproportionnées, plaident seules avec tout le perçant de l'évidence la cause de ceux qui, véritablement et d'effet, sont *laterales regis* contre ce *ras electum* du tiers état. Mes yeux fichés, collés sur ces bourgeois superbes, parcouraient tout ce grand banc à genoux ou debout, et les amples replis de ces fourrures ondoyantes à chaque génuflexion longue et redoublée,... et ces têtes découvertes et humiliées à la hauteur de nos pieds. La remontrance finie, le Garde des Sceaux monta au Roi, puis, sans reprendre aucuns avis, se remit en place... et prononça: « Le roi veut être obéi, et obéi sur-le-champ. » Ce grand mot fut un coup de foudre qui atterra présidents et conseillers... Tous baissèrent la tête et la plupart furent longtemps sans la relever[1]. »

Le lendemain, la Cour s'assembla, malgré la défense royale, et décida de protester ; mais le Régent était résolu à recourir à la force au besoin pour briser l'opposition parlementaire. Dans la nuit du 28 au 29 août, les mousquetaires arrêtèrent et conduisirent dans une forteresse le président de Blamont, les conseillers de Saint Martin et Feydeau de Calende, puis, c'est la translation à Pontoise (juillet 1720).

[1] *Mémoires*, éd. Chéruel, XVI, 17..

LES AFFAIRES PARLEMENTAIRES SOUS LA RÉGENCE

TRANSLATION A PONTOISE

Le lundi 22 juillet, plusieurs de Messieurs les Présidents et un grand nombre de MM. arrivèrent en cette ville de Pontoise... et ils eurent de la peine à trouver à se loger commodément, n'y ayant eu aucuns ordres donnés pour marquer leur logis...; M. Gilbert, greffier en chef, y arriva aussi sur le soir ainsi que plusieurs autres officiers, ... et il arriva encore toute la nuit beaucoup de monde. Le mardi 23 juillet plusieurs de MM. les Présidents... et grand nombre de MM. les Conseillers arrivèrent encore ainsi que MM. les Gens du roi, plusieurs greffiers.., procureurs, huissiers, commis écrivant à la peau, buvetiers et autres officiers du Palais pour le service du Parlement. Sur le midi arriva M. le Premier Président qui fut loger à l'abbaye Saint-Martin... où il reçut l'après-midi la visite de tous MM. les Présidents, de MM. et tous les autres officiers en habit noir et cravate seulement. Les officiers du bailliage et de la ville au nombre de 16 ou 18 le furent saluer, étant tous en robes, et lui firent un petit compliment...

Le mercredi, plusieurs de MM. et autres officiers ... arrivèrent encore en cette ville, ce qui faisait un grand concours de peuple dans les rues et fit renchérir les vivres, tant pour les hommes que pour les chevaux, ce qui a obligé M. le Procureur général d'écrire 13 lettres circulaires à ses substituts des villes des environs de celle-cy pour y faire venir des provisions de bouche, du bois, du foin et de la chandelle... Sur le soir une charrette de beurre pour Paris fut arrêtée... de l'ordre de M. le Procureur Général et fut criée au son du tambour pour la provision de cette ville [1].

LA VIE A PONTOISE

Tout ce monde chercha à passer au mieux le temps.

M. le Premier Président donna à dîner à tous MM. les Présidents... et à un grand nombre de MM.. ... tenant table ouverte pour MM. qui voudraient bien y venir. MM. les Présidents d'Aligre, de Lamoignon, Le Peletier, de Longueil et Chauvelin tiennent aussi table, ce qui fait plaisir à plusieurs de MM. qui n'ont pas de grandes richesses... 1ᵉʳ août... La cour a vaqué comme il est marqué aux jours précédents. MM. ont continué de se visiter ; bonne compagnie partout, jeux, plaisirs, promenades, tables tenues

1. *Récit du greffier Delisle, Arch. Nat., U 747, n° 2.*

à l'ordinaire. 27 août. Continuation de joie et de plaisir en cette ville : tables tenues à l'ordinaire, jeux, concerts, promenades, les dames faisant bonne compagnie et se trouvant partout, et tous MM. faisant la même chose avec une union et une fraternité qui peut-être ne s'est jamais vue. M. le Président de Lubert jouait parfaitement du violon, MM. Tubœuf, d'Armaillé et de Vauvray touchaient le clavecin et jouaient de la basse de violle, d'autres chantaient ; enfin, c'était joie partout.

L'ENNUI DU PARLEMENT

Malgré ces dépenses, les magistrats s'ennuient : Barbier écrit dans son Journal (I, 52-53) : « On mange beaucoup à Pontoise, on y joue, et malgré cela le Parlement s'y ennuie extrêmement ». Cela se comprend. Le Parlement est mal logé.

La plupart du Parlement est logé à faire pitié, dans de petites maisons, chez de pauvres artisans et dans de très pauvres meubles : il y fait très cher vivre : les habitants de Pontoise ont profité de cette occasion pour vendre leurs denrées.

Puis l'on est mal installé pour rendre la justice ; si la Grand'Chambre, dans le réfectoire du couvent des Cordeliers, trouve un local convenable, les autres Chambres se tiennent sous les cloîtres, ou sont réduites à attendre la fin des audiences de la Grand'Chambre pour donner les leurs. Pas d'avocats, seulement des procureurs, peu de plaideurs : trois jours au moins par semaine, le Parlement vaque : c'est la ruine. Aussi ceux qui le peuvent s'absentent constamment pour aller à la campagne : quand arrive le moment des vacances, c'est l'exode, — sans permission.

8 septembre. Un grand nombre de MM. et presque tous, excepté ceux du service des vacations, sont encore partis ce jourd'hui matin et l'après-midi, ainsi que plusieurs de MM. les Présidents et MM. les Avocats Généraux. Ainsi voilà les tables supprimées, les jeux, les concerts et les plaisirs finis. Adieu donc, MM. du Parlement, jusqu'à la Saint-Martin, si vous revenez en cette ville, ce qui n'est pas à souhaiter [1].

LE RETOUR DU PARLEMENT

Pourtant le Parlement refuse encore d'enregistrer une déclaration touchant la bulle Unigenitus : le Régent furieux institue aux Augustins, pour les vacances parlementaires, une Chambre des vacations, formée

[1] Delisle, Journal, p. 28.

de maîtres des requêtes, puis transfère la Compagnie à Blois. C'est pour les magistrats la ruine, pis encore, le prélude à la suppression de leur corps. Des pourparlers s'engagent, auxquels Villars prit une part active, et le Régent laisse le Parlement à Pontoise, puis le rappelle à Paris après l'enregistrement de la déclaration susdite. Et le greffier Delisle clôt son journal en disant encore une fois, mais avec une entière sincérité : « Joie et plaisir, je pars demain pour Paris. » Le 21 décembre eut lieu l'audience de rentrée. Voici ce qu'en dit Barbier :

Aujourd'hui vendredi, le Parlement a tenu audience. Les avocats ont été faire compliment au Premier Président. Le bâtonnier a dit que les avocats avaient perdu la parole et qu'il allait la leur rendre. Le Premier Président a répondu que leur conduite était parfaite, et qu'on ne pouvait que s'en louer [1].

La Chambre des Comptes, la Cour des monnaies lui députèrent également. Mais, malgré ces compliments, le Parlement rentre en vaincu : la puissance politique lui échappe.

LE LIT DE JUSTICE DU 8 JUIN 1725

Il devait bientôt éprouver une nouvelle injure : le 8 juin 1725, sans les lui avoir communiqués, le roi fit enregistrer dans un lit de justice, plusieurs édits fiscaux (impôt du cinquantième sur les revenus, fixation au denier 20 des constitutions de rentes), et une déclaration destinée à briser toute opposition parlementaire en écartant de l'assemblée des chambres les plus jeunes conseillers des Enquêtes.

... Voulons ... que nul... ne puisse avoir entrée et voix délibérative dans les assemblées ... convoquées pour délibérer sur l'enregistrement de nos ordonnances ..., s'il n'a dix années de service au moins en Cour supérieure.

Le Parlement se borna à consigner sur ses registres que le garde des sceaux n'avait point demandé les avis, et à supplier le roi de lui communiquer à l'avance le texte de ses édits. Sa soumission fut telle que, dès le mois de décembre 1725, les anciens usages étaient rétablis. Pour tirer le Parlement de sa docilité, il fallut la crise religieuse.

III. *A RENNES.*

Les Parlements de province se conduisirent exactement comme celui de Paris : ils abusèrent tout de suite du droit de remontrances, et plus qu'aucun autre, celui de Rennes. Dès 1716, il a déjà rédigé 2 grandes

1. Journal, I, 55.

remontrances, dont l'une en 14 articles, s'élève contre l'intendant dont il réclame la suppression, réclame la connaissance des affaires de messageries, la juridiction contentieuse du domaine, la police des grains, le maintien des privilèges anciens et l'octroi de nouveaux. Ces batailleurs, qui se disent « des paroles » et en viennent aux coups, sont faciles à entraîner : il suffit de « quelques individus fougueux », d'une seule tête échauffée. Pour avoir la majorité, on n'hésite pas à mettre « le pistolet sur la gorge » aux récalcitrants. Mais surtout le Parlement s'appuie sur la noblesse, à laquelle elle envoie « des avis tout dressés », et qu'elle tient « par l'appréhension qu'ils ont que lorsqu'ils auront quelque affaire au Parlement, ils ne soient mal reçus et n'obtiennent pas la justice qui est due à tout le monde ». Il pense à établir entre toutes les Cours « un projet d'union générale », à dresser un plan de guerre. Aussi le régent est-il bientôt inquiet : il tâche d'abord d'adoucir les esprits par un mélange de promesses et de menaces. L'intendant écrit en 1717 [1] :

Je leur ferai espérer, Mgr., que vous voudrez bien donner des ordres pour qu'ils soient payés d'ici peu, au moins d'une année de leurs augmentations de gage, et qu'à l'avenir on fera des fonds pour qu'ils soient payés régulièrement. De l'autre côté, je leur ferai envisager que, par un refus, ils s'exposeront à ne pas être payés si tôt de ces mêmes augmentations. Je leur ferai entendre encore que la manière dont ils se comporteront pourra contribuer beaucoup à la décision d'un procès que le Parlement a à la Chambre des comptes. J'ajouterai qu'un refus pourrait peut-être porter le conseil à supprimer les charges de nouvelle création.

Mais cette politique échoue : le Régent emploie la force. Le Conseil casse les arrêts du Parlement qui sont biffés ; une douzaine de conseillers sont exilés. Le Régent supprime même une vingtaine de charges : alors c'est l'effroi et la reculade. De 1725 à 1730, c'est presque le calme absolu.

BIBLIOGRAPHIE (outre les ouvrages cités plus haut). HÉNAULT, *Mémoires* (éd. Rousseau), Paris, 1911, in-8 ; BARBIER, *Journal historique et anecdotique du règne de Louis XV* (publication de la Société de l'histoire de France), Paris, 1847-1856, 4 vol. in-8 ; MATHIEU MARAIS, *Journal et mémoires* (éd. Lescure), Paris, 1863-1868, 4 vol. in-8 ; SAINT-SIMON, *Mémoires* (éd. Chéruel et Régnier), t. XVI, Paris, 1874, etc. ; ARGENSON (m** d'), *Journal et mémoires* (publiés pour la Société de l'histoire de France), Paris, 1859-1867, 9 vol. in-8.

1. Lettre citée.

CHAPITRE II

LES AFFAIRES RELIGIEUSES SOUS LA RÉGENCE

I. L'APPEL : L'ACTE D'APPEL ‖ QUELQUES APPELS ‖ LE RÉVEIL DE L'ESPRIT GALLICAN.
II. L'ACCOMMODEMENT : LETTRE DES ÉVÊQUES ACCEPTANTS ‖ DÉCLARATION DE 1720 ‖ LE MANDEMENT DE NOAILLES.

I. *L'APPEL.*

Le Régent s'écarta d'abord, dans sa politique religieuse, du système de Louis XIV ; il confia au cardinal de Noailles la présidence du Conseil de conscience, et rappela les exilés. En réalité, il voulait apaiser le différend, et croyait, en protégeant leurs adversaires, intimider les amis de Rohan et de Bissy. Des négociations secrètes eurent lieu à Rome et à Paris ; elles échouèrent devant les exigences du pape qui réclamait la soumission pure et simple des réfractaires, et devant celles des réfractaires qui voulaient obtenir l'aveu que la bulle prêtait à des critiques, et qu'ils avaient eu raison de demander des explications.

L'ACTE D'APPEL (1er MARS 1717)

L'échec des pourparlers enhardit les exaltés du parti : ils crurent, en prenant l'initiative de la rupture, entraîner les timides après eux : les quatre évêques de Montpellier (Colbert), de Senez (Soanen), de Boulogne et de Mirepoix firent enregistrer à l'officialité métropolitaine de Paris l'acte par lequel ils appelaient de la bulle Unigenitus au futur concile œcuménique. En voici les passages essentiels :

Au nom du Seigneur. Amen...

...Depuis que la Constitution... *Unigenitus Dei Filius* a paru, tous les gens de bien n'ont pu voir sans répandre des larmes qu'elle est un sujet de joie pour les ennemis de l'Église, que le peuple fidèle est exposé aux insultes continuelles des impies et des hérétiques..., qu'elle excite de toutes parts de funestes divisions... que tous les ordres du Royaume... sont dans le trouble et dans l'amertume...

Tout le Monde chrétien sait que, depuis 3 ans, il n'est point d'efforts, point d'instances, point de supplications que nous n'ayons employées auprès de N. S. P. le Pape… pour l'engager à remédier à ces maux… Mais puisque nous n'avons pu rien obtenir,… et que cependant les scandales croissent de jour en jour,… nous sommes obligés d'avoir recours au remède que les besoins présents rendent aussi nécessaire qu'il est assuré et efficace. C'est pourquoi…. Nous déferons toute cette affaire au jugement de l'Église Universelle… ; et bien loin que par là nous ayons intention de faire aucun préjudice ni de déroger à l'honneur de S. Siège Apost., à son autorité, à son unité, nous croyons au contraire que c'est le moyen le plus propre et le plus convenable pour les conserver et pour les défendre.

Ils offrent de prouver :

Que la censure de quelques-unes des propositions condamnées… donne atteinte aux fondements de la hiérarchie ecclésiastique, aux droits sacrés des évêques, aux libertés du royaume, au sentiment unanime des SS. Pères qui enseignent que « c'est l'Église qui a reçu les clefs du royaume des Cieux ».

Que de plus, dans toute cette affaire, on a violé en plusieurs chefs l'autorité légitime de tous les évêques et les sacrées libertés du royaume…

Que ladite Constitution condamne des propositions qui n'expriment que le vrai sens et le pur esprit des saints canons sur la Pénitence… scavoir qu'on doit différer la réconciliation aux pécheurs qui n'ont point encore l'esprit de pénitence et de contrition, et qui ne portent pas avec humilité et ne sentent pas l'état du péché…

Que ladite Constitution renverse les plus fermes fondements de la morale chrétienne, et même le premier et le plus grand des commandements, qui est celui de l'amour de Dieu, en condamnant les expressions qui marquent la nécessité de cet amour soit pour opérer la conversion de la volonté, soit pour faire nos actions de la manière qu'il nous est commandé de les faire, c'est-à-dire en les rapportant actuellement ou virtuellement à Dieu comme à notre fin dernière…

Que ladite Constitution condamne… diverses propositions dont les unes ne présentent rien autre que ce que les prophètes, les Apôtres, et les SS. Pères nous ont enseigné touchant la différence de l'ancienne et de la nouvelle alliance ; les autres… que ce qui est compris, suivant saint Augustin, dans le premier article du Symbole, savoir que l'effet de la volonté du Tout Puissant, n'est point empêchée par la volonté d'aucune créature ; d'autres enfin renferment la même doctrine que les Saints docteurs… en particulier sur ce se-

LA SIGNATURE DE L'ACTE D'APPEL

DANS LA GRANDE SALLE DE LA SORBONNE

cours qui *est nécessaire pour chaque action et qui tire son efficace de la toute-puissance de Dieu...*, secours par lequel... Dieu par J.-C. nous unit efficacement à lui par le don de sa seule grâce qui néanmoins nous laisse le pouvoir libre de ne pas donner notre consentement.

Que ladite Constitution flétrit indistinctement avec les qualifications les plus dures et les plus atroces des propositions dont la plupart sont exprimées dans les propres termes de l'Écriture, des Conciles, des Papes, et des SS. Pères... Que ceux qui ont présenté ces propositions... ont détourné à des sens étrangers les paroles de l'auteur, que ces propositions n'ont pas été traduites en latin avec fidélité, ni extraites du Livre avec assez de bonne foi, qu'on a diffamé par les Notes les plus atroces l'auteur qui n'a point été entendu et n'a pu se défendre quoiqu'il n'ait point cessé de demander à être entendu, qu'on n'a point eu les égards qui étaient dus aux Éminentissimes et illustrissimes Approbateurs de cet ouvrage...

A ces causes,... après avoir fait préalablement des protestations expresses que nous n'entendons jamais rien dire ou même penser de contraire à l'Église... ni à l'autorité du S. S. A..., ni aussi que nous ne nous départirons jamais du respect... dû... à N. S. P. le Pape. ...Nous, tant pour nous que pour ceux qui à nous adhèrent ou adhéreront... sommes appelants et appelons au futur Concile Général.

L'acte des quatre évêques eut un grand retentissement ; le cardinal de Noailles, plusieurs évêques, les chapitres de Notre-Dame de Paris, de Reims, de Boulogne, les facultés de théologie de Paris, Nantes, Reims, y adhérèrent. Il fut souscrit avec enthousiasme par un grand nombre de prêtres, de réguliers, de religieuses. Voici quelques-uns de ces appels, qui nous révèlent l'état d'esprit de leurs auteurs.

APPEL DE SOLIER, PRÊTRE DE MARSEILLE

...Touché amèrement des troubles que la Constitution *Unigenitus* a causés..., convaincu... qu'elle détruit en effet l'ancienne foi pour nous en proposer une nouvelle en érigeant le Molinisme en dogme, qu'elle contredit le langage de l'Écriture Sainte et de la Tradition apostolique, en condamnant dans un grand nombre de propositions les propres paroles du texte sacré et des saints docteurs ; qu'elle combat la pure morale de l'Évangile en censurant la nécessité de l'amour de Dieu dans les sacrements, en anéantissant l'esprit de la Pénitence et voulant qu'on accorde l'absolution sur-le-champ au milieu des plus criminelles habitudes, qu'elle foule aux pieds l'autorité divine des Évêques, en leur ôtant le droit qu'ils ont d'être juges de la foi ; qu'elle renverse même le Trône des Rois, en prétendant que la crainte d'une excommunication même injuste doit empêcher les sujets d'être fidèles à leur Souverain.., j'adhère à l'Appel.., protestant néanmoins expressément qu'en rendant témoignage à la vérité, fût-ce au péril de ma vie, je fais la présente adhésion..., sans prétendre m'écarter jamais ni de la communion catholique avec le Saint-Siège, ni de l'obéissance canonique, qui est due à N. S. P. le pape Clément XI, le reconnaissant pour mon juge... en toutes choses excepté l'appel..., puisque le Concile général en est saisi juridiquement [1].

APPEL DES BÉNÉDICTINS DU BEC D'HELLOUIN

...Bien que rassurés sur les périls de l'Église et contre les entreprises de la Cour Romaine par les appels de plusieurs prélats... et par les différents arrêts des Parlements..., néanmoins pour combattre et détruire autant qu'il est en notre pouvoir le schisme avancé par quelques-uns des partisans de ladite Constitution, lesquels, pour preuve de son mérite et de son autorité prétendue, objectent le grand nombre des acceptants contre le petit nombre des non-acceptants ; nous..., vu le trouble et le scandale causés dans nos monastères à l'occasion de ladite Constitution, dont la doctrine paraît contraire aux sentiments enseignés communément dans les véritables écoles de Saint Augustin, de Saint Thomas... sentiments auxquels, grâces à Dieu, nous avons été formés dès notre jeunesse et dans lesquels on a toujours eu soin d'élever les sujets de notredite Congrégation..., vu... les lettres apostoliques lesquelles semblent avoir fermé absolument toutes les voies... de paix que l'on avait attendues des négociations et conférences tenues à cette fin... [2].

APPEL D'UNE URSULINE D'AIX

Je me flattais que mon sexe et mon état me mettraient dans l'heureuse situation de n'avoir d'autre part aux troubles qui agitent aujourd'hui l'Église que celle de gémir des maux auxquels une Vierge chrétienne ne saurait être insensible... Notre Archevêque a exigé de moi et de mes sœurs, l'année 1715, la souscription pure et simple de la Constitution... Accoutumée dès ma plus tendre jeu-

1. *Nivelle*, op. cit., III, 24.
2. *Nivelle*, op. cit., III, 358.

nesse à une soumission aveugle aux ordres de mes légitimes supérieurs, pénétrée d'un profond respect pour M. notre Archevêque.., je n'osai pas résister dans une occasion où obéir était un péché puisque c'était aller contre les impressions de ma conscience, les lumières de ma raison, les obligations de ma foi... Je confesse donc à la face de toute l'Église une faute sur laquelle je ne cesserai de gémir le reste de mes jours... Prosternée aux pieds de J.-C., le saint nom de Dieu et les lumières du Saint-Esprit invoquées, j'ai révoqué... la souscription que je fis de la Constitution..., et je déclare que je ne reconnais pas dans cette Constitution la foi dans laquelle j'ai été élevée et dans laquelle je veux vivre et mourir avec la grâce de J.-C. Je sens les suites de l'action que je fais.. ; je les accepte d'avance, comme faisant partie de la pénitence que je dois faire de la faiblesse que j'ai eue... et je prie Dieu de vouloir recevoir en sacrifice d'expiation tout ce que je pourrai avoir à souffrir dans la suite [1].

LE RÉVEIL DE L'ESPRIT GALLICAN

Ces appels exaspérèrent le Saint-Siège et le parti de la bulle. Le pape publia, sans l'assentiment de la Cour de France, le bref *Monita pastoralia* qui formulait les plus graves menaces contre les réfractaires. Les évêques qui acceptent la Constitution redoublent de violence dans leurs attaques contre leurs adversaires. Dans des mandements retentissants, dans des pamphlets dont les plus célèbres furent peut-être les *Tocsins* de l'évêque de Soissons, ils déclarent les appelants schismatiques et hérétiques, réclament leur déposition par le Saint-Siège ou par un concile ; ils interdisent les membres de leur clergé dont ils doutent des fonctions sacerdotales, leur refusent même, ainsi qu'aux laïcs notés de résistance, les sacrements, travaillent à épurer le personnel magistral de leurs séminaires, proposent de refuser toute chaire aux suppôts de la Sorbonne, pour punir la Faculté d'avoir révoqué son acceptation de la bulle. Les Parlements, gardiens de l'ordre public et des droits de la couronne, s'émurent de ces troubles et du progrès des idées ultramontaines. Ils condamnèrent comme d'abus le bref du pape, les pamphlets, même certains mandements, et auraient été plus loin, si le Régent l'avait permis. Le discours du procureur général de Metz permet de se rendre compte de l'état d'esprit des magistrats.

Il s'agit de donner des bornes à une puissance étrangère qui ne manque jamais de prétextes pour s'agrandir, lesquels paraissent d'autant plus spécieux qu'ils semblent fondés sur une autorité qui émane de la divinité, et qu'ils sont accompagnés du respect qu'on

1. *Nivelle*, III, 604-605.

doit à la religion.... Ce n'est pas d'aujourd'hui que la Cour de Rome a tenté de donner des atteintes à l'autorité des souverains et à la liberté des peuples;... l'histoire nous fournit une infinité d'exemples de ces entreprises qui ont toujours échoué... par la sagesse de nos rois et par la fermeté des Cours souveraines... ; il espérait que les mêmes sentiments éclateraient encore aujourd'hui pour empêcher que l'autorité des évêques et les libertés de l'église gallicane ne reçoivent quelque altération;... il faut arrêter ces entreprises pernicieuses et apprendre aux peuples jusqu'où doit aller le respect qu'ils doivent à cette puissance spirituelle et que, quand elle veut transgresser les bornes qui lui sont prescrites, on lui oppose une barrière invincible qui arrête toute sa violence ; que c'est l'autorité de la Cour qui lui sert de digue, et à laquelle il a recours[1].

II. *L'ACCOMMODEMENT.*

Le Régent, devant l'aggravation du conflit, désira plus vivement trouver un accommodement : puisque Rome ne voulait pas s'y prêter, on se passerait d'elle, et l'accord projeté serait fait par le clergé de France sous la garantie du roi. Il provoqua donc de nouveaux pourparlers entre Noailles d'une part, les cardinaux de Rohan et de Bissy de l'autre. La négociation fut très pénible, l'intransigeance étant égale des deux côtés. Mais le duc d'Orléans déclara qu'il se tournerait contre les appelants si l'accord était impossible par leur fait. En outre Noailles et plusieurs de ses collègues étaient inquiets du bruit et du scandale dont ils étaient la cause : ils savaient que les sièges vacants étaient tous donnés à des adversaires; que plusieurs des leurs avaient contre eux leur diocèse ; ils se résignèrent à une paix honorable. Et Rohan, de son côté, était disposé à céder pour le moment à la volonté du prince, afin de se le concilier pour l'avenir. Un accommodement fut donc décidé. Le cardinal de Noailles rédigea un « corps de doctrine » c'est-à-dire un ouvrage où il étudiait les propositions condamnées par la bulle et spécifiait le sens dans lequel elles prêtaient à la censure. Cet écrit devait être certifié orthodoxe par Rohan. Après quoi Noailles, s'en référant aux explications qu'il venait de donner, accepterait la bulle, et les acceptants reconnaîtraient cette acceptation comme valable. Voici d'abord la lettre des acceptants au sujet du corps de doctrine :

LETTRE DES ÉVÊQUES ACCEPTANTS
SUR L'ACCOMMODEMENT

Nous voyons avec trop de douleur les troubles qui agitent l'Église

[1] *Michel, H^{re} du Parlement de Metz, 318-329.*

de France pour ne pas seconder les sages mesures que V. A. R.
prend depuis si longtemps pour les finir. Les excès où mènent toujours les disputes, les pertes que souffrent tous les jours la Religion
et l'autorité... des évêques, le respect même et la tendresse sincère
que nous conservons pour ceux de nos confrères qui, sur la bulle
Unigenitus, ont suivi une conduite différente de tous ceux qui l'ont
acceptée, tout nous engage à concourir avec joie à cette paix...

Dès que par des explications catholiques et par une explication
véritable et qui condamne le livre des *Réflexions Morales* et les CI
propositions comme la bulle les a condamnées.., le dogme de-
meurera inébranlable au milieu de la diversité des opinions ; qu'on
rendra au Saint-Siège et au Souverain Pontife ... le respect et
l'obéissance que les règles de l'Église exigent, ... que les contestations
cessent sur les matières qui font l'objet de la bulle, la paix doit suc-
céder à des troubles dont la religion souffre depuis trop longtemps...

Nous trouvons le fondement de ces espérances dans les explications que V. A. R. vient de nous communiquer ; elles ne renferment rien qui ne soit conforme à la doctrine de l'Église, à celle de
la Bulle.

LA DÉCLARATION DE 1720

Mais Noailles ne voulait pas publier son mandement d'acceptation
avant que le Régent n'eût promulgué et fait enregistrer au Parlement une
déclaration dont le texte lui convint. La rédaction des lettres patentes
souleva beaucoup de difficultés, qui, en 1720, n'étaient pas encore ré-
solues. Le Régent perdait patience ; poussé par Dubois qui voulait être
cardinal, et tenait à se faire bien venir du Saint-Siège, il regardait les
amis de Noailles comme des fâcheux jamais satisfaits ; de plus, il voyait
leur nombre diminuer chaque jour et pensait qu'il n'y avait plus à les
ménager. Aussi rédigea-t-il la déclaration suivante (4 août) :

Art. I. ... Ordonnons que la Constitution Unigenitus... soit observée dans tous les États... de notre obéissance ; et, en conséquence, défendons à tous nos sujets... de rien dire, écrire, soutenir,
enseigner, débiter et distribuer... soit contre la Constitution, soit
contre l'Instruction pastorale publiée dans l'assemblée de 1714, ... et
contre les explications sur la bulle Unigenitus, approuvées par les...
Cardinaux, Archevêques et Évêques, comme conformes à la doctrine de l'Église et au véritable sens de la Bulle.

Art. II. ... Faisons pareillement très expresses... défenses de
faire... aucun acte contre la Constitution et d'en interjeter appel au
futur concile... ; voulons que... les appels ci-devant interjetés soient

regardés comme de nul effet ; ... moyennant quoi il ne pourra être permis de faire ou continuer aucunes poursuites ou procédures pour raison desdits... appels ; ... exhortons et... enjoignons aux archevêques et évêques... de tenir la main à l'exécution des présentes dispositions dans l'esprit de paix et de charité dont ils nous ont donné tant de preuves en cette occasion...

Art. III. ... Voulons que les ordonnances... concernant la police, la discipline ecclésiastique et l'exécution des jugements de l'Église en matière de doctrine soient exécutées.

Art. IV. ... La connaissance et le jugement de la doctrine concernant la religion appartiendront aux Archevêques et Évêques... Enjoignons à nos Cours de Parlement de renvoyer aux Évêques la connaissance et le jugement de la doctrine.

Art. V. ... Défendons expressément à tous nos sujets de s'attaquer ni provoquer les uns les autres par les termes injurieux de Novateurs, Jansénistes, Schismatiques, Hérétiques et autres noms de parti.

MANDEMENT DE NOAILLES (2 AOUT 1720)

Le Régent envoya cette déclaration au Parlement alors exilé à Pontoise, à fin d'enregistrement. Mais la Cour, saisie de l'opposition de l'Université de Paris, de plusieurs curés de la capitale et de plusieurs évêques, refusa de se prononcer tout de suite. La majorité des magistrats trouvait d'ailleurs le texte du projet royal trop favorable aux ultramontains, et sa publication prématurée, puisque Noailles n'avait pas encore fait connaître son adhésion à l'acte d'accommodement. Le Régent, pour aboutir plus vite, reprit l'édit et le porta, contre tous les usages, au Grand Conseil, jugé plus docile. Il s'y heurta aux mêmes résistances ; même des maîtres des requêtes votèrent contre le gouvernement. Alors — chose sans exemple — le Régent vint au Grand Conseil avec les princes du sang, les ducs et pairs, les maréchaux, et dans un lit de justice, fit enregistrer d'autorité la déclaration.

Toutefois l'avantage était minime. L'enregistrement forcé paraissait sans valeur ; Noailles, mal satisfait, refusait de donner son mandement, qui, seul, pouvait rétablir la paix ; le Régent résolut de tenter un dernier coup de force : il transféra le Parlement de Pontoise à Blois, et rejeta la responsabilité de cette mesure sur le cardinal. L'émotion fut très vive dans le monde parlementaire. Les amis de Noailles lui représentèrent qu'il perdait dans le Parlement son seul appui, et que l'abaissement de la Compagnie serait considéré comme le triomphe de ses ennemis. Sensible aux prières d'intermédiaires influents, dont le principal paraît avoir été le maréchal de Villars, Noailles céda et publia son mandement daté du 2 août, dont voici les passages essentiels :

Vous le savez, M. C. F., nous ne sommes point les seuls qui ayons été alarmés de l'abus que l'on voulut faire de la Constitution *Unigenitus* aussitôt qu'elle parut, soit en osant se servir du nom vénérable de N. S. P. le pape pour soutenir des opinions fausses et dangereuses, soit en se jetant dans une extrémité contraire et en soutenant que S. S. avait attaqué la doctrine de l'Église. Nous avons été témoins de l'impression que ces deux extrémités... firent d'abord sur les évêques de l'Assemblée de 1713 et 1714... ; nous savons que leur principal objet fut de conserver la religion catholique toujours également éloignée de tout excès, et d'assurer en même temps une paix sans laquelle la vérité même est en péril. Ce fut dans cette vue, qu'avant de se séparer ils dressèrent l'instruction pastorale qui fut envoyée avec la Constitution aux évêques absents ; et ce fut encore dans la même vue que la plupart des évêques joignirent cette instruction aux mandements par lesquels ils reçurent la Constitution, la regardant tous... *comme une espèce de rempart et de digue opposée aux explications contraires au véritable sens de la bulle*.

Désirant comme ces prélats de conserver la vérité et la paix, nous ne crûmes pas que ces précautions fussent encore assez fortes pour apaiser les troubles... ; et, ne voulant rien prendre sur nous dans une matière aussi importante, nous résolûmes de nous adresser à Sa Sainteté... et de la prier de donner elle-même les éclaircissements dont nous avions besoin... Cependant.., pour ouvrir toujours plus d'une voie qui pût ramener tous les esprits à une parfaite unanimité, Nous crûmes devoir déclarer qu'il n'y avait point de division entre les Prélats sur ce qui appartient à la substance de la foi, et que des explications plus capables d'arrêter les abus que l'on pourrait faire de la Constitution.., et autorisées par un saint concert de l'Église gallicane, pourraient, au défaut d'explications données par le pape, devenir un moyen suffisant pour apaiser les consciences troublées et rétablir une véritable paix...

Ce que nous avons désiré dans tous les temps et qui paraissait à présent plus éloigné que jamais, Dieu ... vient enfin de l'accorder à nos désirs. Des prélats, respectables par leurs lumières, et encore plus par l'amour de la paix, ont travaillé dans un esprit de concorde et de charité à distinguer si exactement l'erreur de la vérité, et le dogme de l'opinion dans les matières qui ont été l'objet de la Constitution, que, le sens dans lequel les propositions sont condamnées étant clairement expliqué et ce sens étant aussi différent qu'il l'est de la saine doctrine, personne ne doit craindre que l'on confonde le bon grain avec l'ivraie, et que l'on s'expose à déraciner l'un en ne pensant qu'arracher l'autre.

Quel sujet de dispute peut-il rester avec ces précautions entre des théologiens sages et véritablement amis de la paix, lorsque les premiers pasteurs, expliquant le sens qu'ils condamnent, marquent en même temps toutes les vérités catholiques et toutes les opinions permises auxquelles la censure ne donne aucune atteinte et éloignent toutes les difficultés qui pourraient entretenir le trouble et la division dans l'Église ?

Les explications qu'ils ont dressées dans cet esprit ont été approuvées par un si grand nombre d'évêques, qu'on les peut regarder comme un monument authentique des sentiments de l'Église gallicane. Ainsi nous... ne craignons point d'être désavoués de S. S. sur la doctrine contenue dans les Explications que nous vous présentons puisqu'elle n'est autre que la tradition même de l'Église de Rome. Recevez donc avec confiance des Explications formées dans cet esprit. Recevez-les comme l'ouvrage de l'Église gallicane, c'est-à-dire de cette portion illustre du troupeau de J.-C. qui s'est toujours rendue également célèbre par la pureté de sa doctrine et par la fermeté de son attachement inviolable pour le Saint-Siège.

BIBLIOGRAPHIE. — Outre les ouvrages cités plus haut (Dorsanne, Lafiteau, etc.) : *Explications sur la bulle Unigenitus*, Paris, 1724, in-4 ; *Mandement du cardinal de Noailles* (2 août 1720), Paris, in-4 ; NIVELLE. *La Constitution Unigenitus déférée à l'Église universelle*, Cologne, 1757, 2 tomes en 5 vol. in-f° ; abbé DURAND. *Le jansénisme au XVIIIe siècle et Colbert évêque de Montpellier*, Toulouse, 1907, in-8° ; BOUTRY (M.). *Intrigues et missions du cardinal de Tencin*, Paris, 1902, in-8 ; BLIARD (P.). *Dubois cardinal et premier ministre*, Paris, 1901, 2 vol. in-8 ; BOURGEOIS (É). *La diplomatie secrète au XVIIIe siècle : ses débuts*. III. *Le secret de Dubois, cardinal et premier ministre*, Paris, 1910. in-8°.

CHAPITRE III
LA QUESTION RELIGIEUSE
1720 1740.

I. *L'ÉTAT DES ESPRITS APRÈS*
« *L'ACCOMMODEMENT* ».

« L'accommodement » ne fut point la paix. Les 4 premiers évêques *appelants* persistèrent dans leur appel ; beaucoup d'ecclésiastiques du second ordre, moines, religieuses, aussi. Des listes de réappelants circulaient sous le manteau, parfois ouvertement. D'autre part, les ultramontains réclamaient la liberté d'épurer leur clergé, d'amender leurs ouailles par la crainte des peines canoniques : ils aspiraient au moment où, la France entière acceptant la bulle, on pourrait supprimer l'accommodement dont le pape était mal satisfait.

CAHIER DU CLERGÉ DE 1723

Dès 1723, l'assemblée du clergé inscrit dans son *cahier* ces revendications. Elle y supplie le roi :

I. ...De vouloir permettre les conciles provinciaux... ; c'est le seul [moyen] aujourd'hui pour tout concilier et remettre les choses dans l'ordre où elles doivent être [1].

II. De déclarer que les Constitutions font loi dans l'Église et dans l'État : et en conséquence faire inhibitions... aux Parlements... d'avoir aucun égard aux appels comme d'abus du refus des Évê-

---

[1] En déposant les évêques réclamants : la même idée est reprise avec plus de force dans les discours au Roi et dans les cahiers de 1725 et 1726.

ques... d'accorder des *visa* et institutions canoniques des bénéfices, lorsque lesdits Évêques... auront déclaré leur refus être fondé sur ce que les pourvus ou présentés auxdits bénéfices n'ont pas donné des témoignages précis et suffisants de leur parfaite soumission à toutes les susdites constitutions apostoliques... dans l'examen qu'ils auront fait subir et que lesdits pourvus ou présentés auront marqué par leurs réponses être dans des sentiments contraires à ceux que lesdites constitutions exigent.

IV. ...De lui accorder un tribunal non suspect, où soient portées toutes les contestations... à l'occasion des ordonnances, mandements des évêques ...en exécution des Constitutions des souverains pontifes revêtues de lettres patentes enregistrées dans les Parlements avec inhibitions et défenses auxdits Parlements et autres cours d'en connaître.

VII. Autoriser... [les] archevêques et évêques [à] établir des écoles publiques de théologie et de philosophie dans les villes épiscopales... [et de se faire représenter] par tous les professeurs de théologie et de philosophie du diocèse leurs cahiers et les thèses qu'ils feront soutenir...

VIII. Donner une déclaration par laquelle... toutes les maisons... des séminaires... seront déclarées appartenir aux diocèses..., sans que... les ecclésiastiques... auxquels le soin et l'administration desdits séminaires avaient été confiés puissent rien prétendre dans la jouissance desdites maisons, qu'autant que l'Archevêque ou évêque jugera à propos de leur confier le soin et l'administration desdits séminaires.

IX. Ceux à qui les Archevêques... auront refusé le *visa*... ne pourront se pourvoir... que devant les supérieurs dans l'ordre hiérarchique et il sera fait inhibitions... aux ...Parlements et autres juges de prendre connaissance desdits refus autrement que par appel comme d'abus, et audit cas qu'ils seront tenus de renvoyer par devant lesdits supérieurs... ; ceux qui seront en trois refus consécutifs ne seront plus reçus à se pourvoir..., S. M. les déclarant... déchus de tous droits.

●

II. *LA CRISE DE 1730.*

Et c'est en effet la guerre. Les mandements, les menaces, les lettres de cachet se multiplient. Désireux de s'illustrer, Tencin, archevêque d'Embrun, obtient de traduire devant un concile provincial l'évêque de Senez, Soanen, coupable d'avoir recommandé la lecture du livre de

LES QUERELLES RELIGIEUSES ET PARLEMENTAIRES

Quesnel. Et Soanen, condamné, est déposé et relégué à l'abbaye de la
Chaise-Dieu. Déjà les autres appelants s'attendent au même sort. Mais
la sentence d'Embrun produit un scandale tel que la cour, effrayée, interdit à la majorité du clergé, stupéfaite, tout concile et toute déposition nouvelle.

Bientôt surgit un nouvel incident. Le pape ordonne de célébrer un
office en l'honneur de Grégoire VII, le champion de la théocratie dont
il résume le rôle dans la légende « Romanæ vindex libertatis ».
Cette décision indigne le clergé gallican, plus encore les Parlements qui
suppriment la légende, le bref et l'office. Inquiet de ces débats, le cardinal Fleury rédige la déclaration suivante (F., I, 617).

DÉCLARATION DU 24 MARS 1730

...Puisque l'on nous oblige à expliquer encore nos intentions sur
l'exécution de la bulle *Unigenitus*, nous croyons devoir prendre en
même temps de nouvelles précautions contre ces esprits indociles
que quatre bulles données successivement... n'ont pu encore réduire à une entière obéissance. Nous continuerons cependant de
veiller avec attention à la conservation des maximes de notre
royaume et des libertés de l'Église gallicane.., et nous sommes per-
suadés que nos Cours de Parlement... sauront toujours faire un
juste discernement entre le zèle éclairé qui les défend avec sagesse
et les intentions suspectes de ceux qui n'y cherchent... qu'un prétexte pour troubler ou pour éloigner une paix aussi désirable pour
l'intérêt de l'État que pour le bien de l'Église....

I. ...Voulons... que personne ne puisse être promu aux Ordres
sacrés, ou pourvu de quelque Bénéfice que ce soit..., ni même en
requérir aucun sans avoir... signé le *Formulaire* en personne...;
que les Ecclésiastiques qui, n'ayant pas encore signé le *Formulaire*, refuseront de le faire... soient déclarés incapables de posséder [les bénéfices], et que tous ceux dont lesdits Ecclésiastiques
pourraient avoir été... pourvus demeurent vacants et impétrables
de plein droit.

II. Voulons... que lesdites signatures du *Formulaire* soient pu-
res et simples...

III. ...Ordonnons que la Constitution *Unigenitus* soit inviolablement observée.... et qu'étant une Loi de l'Église par l'acceptation qui en a été faite, elle soit aussi regardée comme une Loi de
notre Royaume.

IV. L'article V de notre... Déclaration [de 1720] sera... exécuté... sans que, sous prétexte du silence... imposé, on puisse prétendre que notre intention ait jamais été d'empêcher les... Évêques

d'instruire les ecclésiastiques et les peuples confiés à leurs soins sur l'obligation de se soumettre à la Constitution *Unigenitus*.

V. Défendons... d'exiger... aucunes nouvelles Formules de souscription... Déclarons néanmoins que par cette défense Nous n'avons pas entendu que les Archevêques et Évêques de notre Royaume ne puissent refuser d'admettre aux saints Ordres.., Dignitez et Bénéfices, les Ecclésiastiques... qui auroient renouvelé leurs Appels de la Bulle *Unigenitus*.. ou déclaré par écrit qu'ils persistent dans ceux qu'ils avoient précédemment interjetes, ou qui auroient composé ou publié des Écrits pour attaquer ladite Bulle ou les explications desdits Archevêques et Évêques, des années 1714 et 1720, ou qui auroient tenu des discours injurieux à l'Église et à l'Épiscopat... et qui persévéreroient dans le même esprit de révolte ou de désobéissance contre la Bulle *Unigenitus* ou les autres Constitutions ci-dessus mentionnées...

VI. Les Appellations comme d'abus... des refus de *Visa* ou d'institution canonique faits par.. les Archevêques ou Évêques aux ecclésiastiques qui se trouveront être dans quelqu'un des cas expliqués par les articles I, II, III et V de notre présente Déclaration n'auront aucun effet suspensif... et sans que les causes de refus marquées dans lesdits cas puissent être regardées comme un moyen d'abus. Voulons que, lorsqu'outre lesdites causes, le refus desdits Archevêques ou Évêques en renfermera d'autres... abusives, nos Cours soient tenues de déclarer qu'il y a abus seulement en ce qui concerne lesdites autres causes [1]...

LE LIT DE JUSTICE DU 3 AVRIL

Cette déclaration déplut au Parlement et l'opposition se manifesta même dans le lit de justice, tenu pour la faire enregistrer (F., I, 628).

« M. le président de Lesseville est sorti de son rang pour se jeter aux pieds du Roi ; M. le Chancelier l'a arrêté en lui disant de rester à sa place... ; quand son rang fut venu, il dit qu'il voulait accuser celui qui avait suggéré une pareille Déclaration... d'être traître à sa patrie et à son maitre, et suppliait S. M. de mettre l'affaire en délibération, qu'il était persuadé qu'une telle personne perdrait sa vie sur l'échafaud à la pluralité des suffrages... M. l'abbé Dalbert... a dit : « Sire, les contestations présentes ne tendent à rien moins qu'à enlever la couronne de la tête de V. M.,

---

1. L'art. VII défend d'imprimer, colporter aucun ouvrage contre la bulle ou l'autorité des évêques.

et à lui ôter le sceptre de ses mains ; je suis trop fidèle à V. M. pour appuyer de mon suffrage une déclaration que je regarde comme une loi la plus injuste qui ait jamais été proposée à un souverain. » L'abbé Robert a dit : « J'en appelle à vous-même, M. le Chancelier : *quantum mutatus ab illo !* »... M. le Chancelier a prononcé l'arrêt d'enregistrement, sans compter le nombre des opinants. Après quoi, un président lui a dit : « Monsieur, faites-vous apporter de l'eau pour vous laver les mains. »

Les membres des enquêtes voulurent protester et demandèrent l'assemblée des chambres ; mais le roi interdit toute délibération et menaça de faire un règlement sur « la discipline intérieure de [la] Compagnie ». La menace suffit et tout rentra dans l'ordre.

III. *L'AFFAIRE DES AVOCATS ET LA CRISE DE 1731-1732.*

Pas pour longtemps. Dès 1731 l'agitation redouble. C'était alors l'usage des plaideurs de remettre à leurs juges, pour soutenir leur cause, une consultation d'avocats. Ainsi une trentaine d'avocats rédigèrent un mémoire contre la légalité du concile d'Embrun en faveur de Soanen, ou en faveur de certains curés gallicans d'Orléans contre leur évêque. Aussi le successeur de Noailles à l'archevêché de Paris, Vintimille, le fougueux évêque de Laon, l'archevêque d'Embrun fulminèrent contre eux des mandements violents. Tencin les qualifia « d'hommes bouffis d'arrogance et de missionnaires d'hérésie » et Vintimille sembla prêt à excommunier l'ordre entier. Irrités, les avocats réclamèrent satisfaction et, ne l'obtenant pas, firent grève.

L'INTERVENTION PARLEMENTAIRE

Mais le Parlement intervint, à la fois pour les soutenir et pour défendre ses arrêts, cassés sans cesse par le conseil d'État, ainsi que sa compétence, abusivement réduite par des évocations continuelles. Il adressa des remontrances, même des remontrances itératives au roi. Comme il ne reçut pas de réponse favorable, l'irritation s'exagéra et le point de départ, l'affaire des avocats, fut vite oublié. Les enquêtes et les requêtes, plus jeunes, étaient les plus animées. Ils réclamaient constamment l'assemblée des chambres pour pouvoir délibérer sur les affaires politiques. Voici ce qui se passe le 31 août 1731 :

MM. de la première des Enquêtes envoyèrent deux conseillers à toutes les chambres pour les prier d'envoyer leurs députés au cabinet des Enquêtes. Là il fut arrêté que MM. les députés se rendraient à la Grand'Chambre pour demander l'Assemblée. Les députés partirent dans l'instant et allèrent à la Grand'Chambre demander à M. le Président l'assemblée. M. le Premier Président, ayant hésité quelque temps et prié MM. les députés de se retirer pour mettre l'affaire en délibération, MM. les députés ne se retirèrent point, et MM. des Enquêtes, voyant que leurs députés ne revenaient point et que l'heure passait, vinrent sur-le-champ prendre leur place à la Grand'Chambre... M. le P. Président eut beau représenter à MM. qu'une telle assemblée n'était point régulière, MM. des Enquêtes tinrent bon [1].

LE RÈGLEMENT DU 7 SEPTEMBRE 1731

Les violents l'emportent. Le Parlement cite devant lui l'évêque de Laon dont un mandement ultramontain l'a blessé et il convoque les pairs et princes du sang qui, naturellement, ne viennent pas. Le 7 septembre, il arrête un règlement fameux sur les rapports des deux puissances qui reproduit les clauses de 1682 et ajoute :

« A la puissance temporelle seule appartient la juridiction qui a droit d'employer la force visible et extérieure pour contraindre les sujets du roi... Les ministres de l'Église sont comptables au Roi, et en cas d'abus, à la Cour,... de l'exercice de la juridiction qu'ils tiennent du Roi même, et de tout ce qui pourrait, dans l'exercice du pouvoir qu'ils tiennent directement de Dieu, blesser la tranquillité publique, les lois et les maximes du royaume [2]. »

L'ABBÉ PUCELLE

Les discours s'échauffent : si on respecte le roi, on s'attaque aux ministres. Le premier président, trop docile, est pris à partie, parfois hué et traité d'infâme. En revanche les chefs de la résistance sont applaudis, traités de « Romains », de « Spartiates ». Le plus en vue est le célèbre abbé Pucelle. Voici par exemple la façon dont il opine, le 30 juillet (F., I, 257).

« L'abbé Pucelle parla encore plus vertement qu'à son ordinaire et dit tout net que la source de tous les maux provenait de la façon dont M. le Cardinal avait élevé le Roi : qu'il abusait manifestement de l'autorité royale, et qu'il était temps de lever le blocus ; et... par le blocus, il entendait que le trône... était enceint de

1. Bibl. Nat., *Français*, 10908, f⁰ˢ 87 et 88.
2. *Mention*. Documents, II, 72.

quelques cardinaux et évêques qui ne cherchaient qu'à semer la division et à indisposer le roi contre son Parlement... »

LE CONFLIT : EXILS ET DÉMISSION

De son côté le roi s'irrite. Tantôt il refuse de recevoir le Parlement ou ses remontrances, tantôt il mande au contraire des députations pour leur signifier sa colère (11 janvier 1732 à Versailles, mai et juin à Compiègne).

Enfin il se résout aux mesures de rigueur, exile d'abord Pucelle et Titon (14 mai), puis (15 juin) 4 autres parlementaires (président Ogier, conseillers Robert, de Vrevins, Davy de la Faultrière). Le Parlement réplique en suspendant le service (mai) et en donnant sa démission.

Tous MM. des Enquêtes et Requêtes, retirés dans leurs chambres, se trouvèrent réunis dans celui de signer un acte contenant démission de leur charge... Cette résolution avait pour motifs... les termes durs et injurieux... de l'arrêt du Conseil ; la privation de la liberté des suffrages, résultant de l'emprisonnement de quatre des Messieurs qui avaient opiné très sagement dans l'affaire présente [1]...

Le premier président ayant refusé de recevoir ces démissions, ils allèrent les porter au chancelier en cortège, marchant deux par deux. Barbier nous a laissé un tableau amusant de la scène.

Quand cela a été fait [la signature des démissions], toutes les sept chambres sont sorties en même temps, se sont jointes dans la grande salle, et ont été, par l'escalier de la Sainte-Chapelle... chez M. le Premier Président. Ils marchaient deux à deux, les yeux baissés, au nombre de plus de 150, passant au milieu d'un monde infini dont le palais était plein ; dans leur chemin, le public disait : « Voilà de vrais Romains et les pères de la patrie. »

L'affaire n'eut pas de suites. La Grand'Chambre ayant menacé de cesser ses audiences, le gouvernement fit quelques concessions : et les magistrats, qui craignaient la confiscation de leurs charges, décidèrent de rentrer (9 juillet 1732) [2].

LA DÉCLARATION DU 18 AOUT 1732

Mais à peine le Parlement était-il réuni qu'une nouvelle crise éclate. Le roi remit au parlement, avec ordre de l'enregistrer sur-le-champ, la déclaration dont voici l'essentiel.

Art. 1ᵉʳ. — Les ordonnances..., publiées en notre présence seront inviolablement observées, à compter du jour de la publication...

1. *Hénault, Mémoires,* p. 369.
2. *Barbier, Journal,* I, 4..

sans que l'exécution en puisse être différée, même sous prétexte des remontrances...

Art. 2. — Dans tous les cas où... notre dit Parlement aura cru devoir nous représenter ce qui lui paraîtra utile... dans les matières qui sont de son ressort, nous lui ferons savoir notre volonté, après avoir fait examiner ses remontrances ou ses représentations en notre conseil, et elle sera tenue de s'y conformer... sans pouvoir nous faire de nouvelles remontrances... sur le même sujet, à moins que nous ne le lui ayons permis expressément.

Art. 3. — Les réquisitions... faites par nos avocats et procureurs généraux, verbalement ou par écrit, soit pour être reçus appelant comme d'abus d'ordonnances émanées de l'autorité ecclésiastique, soit pour réprimer les entreprises... sur le pouvoir que nous tenons de Dieu seul, ou contre les libertés de l'Église gallicane, les droits des évêques et les maximes du royaume ne seront portées qu'à la Grand'Chambre...

Art. 4. — Il ne pourra être fait aucunes délibérations au sujet des matières mentionnées dans l'article précédent que sur les réquisitions de nosdits avocats et procureurs généraux, ou sur la proposition... par le premier président... ou celui qui présidera en son absence ; sauf à ceux... qui estimeraient qu'il y aurait lieu de faire quelque délibération au sujet desdites matières d'en informer... ledit premier président en particulier... ou celui qui présidera en son absence, pour y être ensuite pourvu en la Grand'Chambre.

Art. 5. — Défendons... aux officiers... des enquêtes et requêtes... de délibérer ailleurs que dans l'assemblée de toutes les chambres..., soit sur ce qui concerne l'enregistrement de nos ordonnances, soit sur toutes autres matières publiques, dont la connaissance est attribuée à notre dite cour de Parlement, ou de s'assembler chacune séparément pour conférer ensuite par députés et prendre des délibérations communes... ; déclarons nul et de nul effet tout ce qui pourrait être fait ou entrepris au préjudice de la présente disposition.

Art. 6. — Enjoignons à toutes... les chambres... de vaquer assidûment et sans interruption... à l'administration de la justice ; leur défendons de cesser sans notre permission... de la rendre à nos sujets...

N'ayant pas été obéi, le roi tint à Versailles un lit de justice où il fit exécuter sa volonté. Mais le Parlement rentré à Paris affecta de contester la légalité de l'enregistrement, et prit le 4 septembre l'arrêté suivant (F., I, 298) :

« ...Attendu le lieu où ledit lit de justice a été tenu, et le défaut de communication d'aucune des matières qui devaient y être traitées, la Cour n'a pu, ni dû, ni entendu donner son avis ; et, en conséquence..., en ce qui concerne la déclaration du 18 août 1732, ...la Compagnie ne cessera de représenter au roi l'impossibilité dans laquelle elle est d'exécuter ladite déclaration, et que cependant elle continuera toujours de se conformer aux anciens usages, maximes et disciplines qui lui sont propres, les chambres demeurant assemblées jusqu'à ce qu'il ait plu au Roi de donner réponse...

LA PAIX FOURRÉE

Le roi très irrité exila 139 parlementaires. La Grand'Chambre seule restait en état de rendre la justice. Bien qu'émus du sort de leurs collègues, ses membres restèrent en fonctions. Les avocats ne venaient pas, les procureurs non plus aussi. « Le peuple ... murmura contre les magistrats, les traitant de lâches qui abandonnaient leurs confrères[1]. » Aussi peu à peu la Grand'Chambre changea-t-elle d'avis et inclina-t-elle à cesser, elle aussi, de rendre la justice. Le premier président s'entremit et, après des négociations longues et pénibles, il aboutit à trouver la formule d'un accord. Le gouvernement qui, malgré tout, avait besoin du Parlement, rappelait les exilés, et mettait en surséance sa déclaration ; les magistrats s'engageaient en échange à se taire sur les questions religieuses.

C'était donc la paix, mais une paix fourrée. Le Parlement est prudent parce qu'il se sait faible. Qu'il trouve un point d'appui, il recommencera, et ce point d'appui il va le trouver dans le peuple et la bourgeoisie, à cause d'abord des passions religieuses, et ensuite des difficultés politiques.

IV. *LES CONVULSIONNAIRES.*

Le mouvement janséniste, qui avait toujours incliné les âmes au mysticisme et à l'austérité, provoqua, aux alentours de 1730, une crise d'exaltation religieuse qu'on appelle le mouvement des *convulsionnaires*. Les exaltés du parti considéraient depuis longtemps leurs apôtres comme des saints ; ils entouraient leur mémoire d'un culte, adoraient leurs reliques. Voici par exemple quelles scènes d'adoration provoque, parmi ses amis, la mort de l'abbé Tissart, diacre de Saint-Josse.

LA MORT D'UN « SAINT »

Depuis le moment de sa mort jusqu'à celui de son enterrement,

---

[1] *Hénault, op. cit., 425.*

LE TOMBEAU DU DIACRE PÀRIS, DANS LE CIMETIÈRE St-MÉDARD

il y a eu un grand concours de dévôts et de dévôtes chez lui. On y a continuellement psalmodié des psaumes, et il a été gardé par deux prêtres de Saint-Josse, en habit long, sans surplis. On a tiré son portrait après sa mort, et on prétend qu'il va paraître gravé. On lui a coupé les cheveux et les ongles des pieds et des mains. On a aussi pris sa calotte, son bonnet, et sa coiffe de nuit, que l'on s'est partagés ; et, du tout, l'on en a fait des reliques. Le curé de Saint-Josse voulait avoir le corps ; mais le curé de Saint-Eustache s'y est opposé, prétendant qu'il ne se laisserait pas enlever un pareil trésor... Tous ceux qui suivaient le convoi se disaient que c'était un grand saint de moins sur la terre, et, sitôt qu'il a été enterré, ils se sont jetés sur la fosse, et les uns ont mis de la terre dans leur bouche, et les autres en ont rempli leurs poches [1].

LES MIRACLES DU DIACRE PÂRIS

De cette vénération à la croyance aux miracles il n'y avait qu'un pas qui fut bientôt franchi : « Nul temps ne fut jamais plus fertile en miracles » que les années 1727 et 1728. On en signale partout, à Amsterdam, à Reims, à Paris. De tous ces faiseurs de miracles, le plus célèbre est le diacre Pâris. Riche et de bonne famille, il était entré dans les ordres. Converti aux idées jansénistes, il renonça au sacerdoce, s'en jugeant indigne, se dévoua aux œuvres de charité dans le quartier Saint-Médard. Après sa mort, ses anciens assistés, ses amis, qui le pleuraient comme un saint, répandirent le bruit que des miracles s'opéraient sur sa tombe. Un conseiller au Parlement, Carré de Montgeron, nous a donné la liste et les preuves prétendues de ces miracles. De nombreux fervents, même de la plus haute noblesse, allaient au cimetière, s'étendaient sur la tombe du saint, et parfois, dans leur commotion nerveuse, étaient pris de convulsions. « La grâce opérait », disait-on alors. Le trouble fut tel que Fleury fit fermer le cimetière.

L'ÉTAT D'ESPRIT DES CONVULSIONNAIRES

Ces fanatiques avaient l'âme des anciens puritains anglais. Ils brûlaient de confesser leur foi. Carré de Montgeron veut convaincre le roi de la vertu du diacre Pâris, compose dans cette intention un livre qu'il présentera à Louis XV ; et voici comment il se prépare à l'entrevue.

Il s'est préparé à l'action éclatante qu'il méditait [2], et aux tribulations qu'il espérait en devoir être la récompense par des prières qu'il n'a point manqué de faire chaque jour pour ce sujet, par des

<hr>

1. Marville, Lettres II, 213.
2. Présenter un livre au roi.

jeûnes et d'autres pratiques de pénitence, par d'abondantes aumônes, par une application particulière aux devoirs de sa charge, par un mépris général de tous les biens, de tous les plaisirs, et de toutes les espérances du monde... Les huit derniers jours, il s'était fait un lit de cendres qu'on a trouvé sous son lit ordinaire : il jeûna au pain et à l'eau ; il communia à sa paroisse le 25 juillet, fête de saint Jacques, et parut dans cette action comme un ange. Le samedi 27, avant que de partir pour Versailles, il assembla environ douze, tant ecclésiastiques que laïques qu'il logeait et entretenait dans sa maison, leur fit un discours plein d'onction sur la Providence, les exhorta à s'y fier pleinement, et se recommanda très particulièrement à leurs prières.

Après ces préparations assez semblables à celles d'Esther, il se revêtit comme elle des habits convenables à son état, et alla dans les mêmes sentiments s'exposer pour son Roi et pour son peuple [1].

Voici de même l'état d'esprit d'un petit bourgeois.

Il y a quelques jours, on dénonça au Parlement le sieur Simara, ancien libraire de la rue Saint-Jacques, comme prêtant sa maison et son ministère aux intrigues de ce parti ; le Parlement nomma un conseiller pour s'y transporter, dresser procès-verbal, et même arrêter l'homme s'il le trouvait coupable. Il l'était et il se laissa mener en prison avec autant de joie qu'un autre un peu plus raisonnable en aurait eu à se sauver ; sa femme même à qui le magistrat crut devoir faire un petit compliment pour la tranquilliser, n'y répondit qu'en lui disant : « Plût à Dieu, Monsieur, que vous et moi fussions pendus pour une si bonne cause ? Dieu permet que les justes soient persécutés ; mais le martyre sauve [2]. »

LES CRISES FURIEUSES

Malheureusement le délire janséniste entraîna les exaltés parfois beaucoup plus loin. Une secte se forma qui jugea les temps révolus. La terre était trop chargée d'iniquités : le Rédempteur allait venir : tandis que certains fous commettaient délibérément des abominations pour hâter la vengeance céleste, d'autres s'imaginaient être les envoyés de Dieu, ou voulaient découvrir un sauveur. Les deux principaux chefs d'école furent Jean-Robert Cosse de Montpellier, dit frère Augustin, qui s'intitulait serviteur des serviteurs de Dieu, précurseur d'Élie et 4e personne de la Sainte-Trinité, et l'abbé Vaillant, le fondateur des « Élisiens » qui se

1. *Montgeron*, Avertissement (dans l'exemplaire de la B. Nat. Ld 4/2.. A).
2. *Duguet*, Lettres, 13-14.

donnait pour Élie. A quel degré de scènes sauvages menaient ces prédications, le fait divers suivant le montrera.

A l'égard des jansénistes (j'entends les convulsionnaires ou les cerveaux brûlés du parti), c'est encore pis. Ils se sont mis en tête qu'Élie allait venir renouveler l'Église, mais qu'avant il fallait que tous les crimes fussent consommés et expiés entre les frères zélateurs sur le terrain de Port-Royal-des-Champs... Ils ont fait à Paris diverses processions nocturnes qui avaient pour but des amendes honorables ; ils se sont transportés à Port-Royal ou plutôt sur la terre où a existé cette maison ; ils y ont égorgé un animal et, de son sang qu'ils avaient recueilli, ils ont eu l'audace d'aller marquer, jusque dans Versailles, les maisons de ceux qui devaient être épargnés par l'ange exterminateur, à l'arrivée d'Élie. Ensuite ils ont tiré au sort pour savoir lequel d'entre eux devait être crucifié pour la parfaite expiation des crimes des autres, et le sort est tombé sur un abbé Sévin, fils d'un notaire de cette ville. La crainte de mourir lui a rendu le bon sens, et il a fait tout ce qu'il a pu pour s'en dispenser. On avait déjà, malgré sa résistance, commencé à le flageller ; et s'il ne se fût pas avisé de représenter aux frères que la victime devait être volontaire, qu'il ne se défendait pas absolument d'en servir, mais que J.-C. avait sué sang et eau avant d'être résolu, et qu'il avait besoin comme lui, de quelque temps pour se déterminer, peut-être eût-il passé le pas. Sa représentation fit son effet, on lui accorda 24 heures de délai et il en profita pour se sauver. Depuis M. Héraut l'a fait mettre à la Bastille avec beaucoup d'autres et sa famille a sollicité une lettre de cachet pour le faire enfermer pour le reste de ses jours [1].

1. *Dubuisson,* op. cit.. 6-7.

BIBLIOGRAPHIE. — CARRÉ DE MONTGERON, *La vérité des miracles opérés par l'intercessio de M. de Pâris,* Utrecht, 1737, 2 vol. in-4 ; JOURNAL DU CONCILE D'EMBRUN (attribué au jésuite Montlauzon), 1727 ; *Lettre des cardinaux, archevêques et évêques au roi* (18 oct. 1727), in-4 ; MARVILLE, *Lettres à Maurepas,* éd. Boislisle (publications de la Société d'Histoire de Paris), Paris, 1896-1901, 3 vol. in-8 ; DUBUISSON, *Lettres au marquis de Caumont,* éd. Roussel, Paris, 1882, in-16 ; Commissaire NARBONNE, *Journal des règnes de Louis XIV et Louis XV,* publié par Le Roy, Paris, 1866, in-8 ; BOUGEANT, *Les quakers français,* comédie, Utrecht, 1732, in-12 ; WILLE (Jean Georges), *Mémoires et journal,* éd. G. Duplessis, Paris, 1857, 2 vol. in-8.

CHAPITRE IV

L'AFFAIRE DES BILLETS
DE CONFESSION

I. *LES BILLETS DE CONFESSION :*
LES PREMIERS CONFLITS

L'agitation convulsionnaire atteste l'importance que garde au XVIIIe siècle comme au moyen âge la question du salut : elle explique la gravité des « *affaires de sacrements* ». C'était la croyance populaire qu'il suffisait au chrétien pour être sauvé de se repentir de ses fautes et d'appeler un prêtre à son lit de mort. « Les ecclésiastiques, disait un conseiller de Rouen, du Fossé, sont les ministres, non les maîtres des sacrements ; et, lorsqu'ils les confèrent, ce n'est point une grâce qu'ils accordent, mais un devoir qu'ils remplissent. » Mais, au cours du XVIIIe siècle, l'idée se répand peu à peu, parmi le clergé favorable à la bulle, qu'il faut pour écraser les jansénistes les traiter en hérétiques notoires et leur refuser l'absolution et la terre sainte. Dès 1717, on voit des évêques interdire les appelants moribonds des sacrements, refuser à des couvents entiers, à des chapitres, à des clergés paroissiaux la communion pascale et la désignation de confesseurs. L'incident survenu aux obsèques d'un chanoine de Douai marque l'acharnement des passions.

L'AFFAIRE DE DOUAI

Il est mort, il y a quelque temps, un chanoine de Saint-Amé de Douai appelant..., et excommunié à cause de son appel. On a refusé au chanoine l'extrême-onction et la sépulture ecclésiastique ; on a fait pis, on l'a exhumé pour lui mettre la tête où il avait les pieds, sur la remarque judicieuse d'un chanoine acceptant, qui a fait observer à ses confrères que le défunt, non seulement ne devait pas être enterré dans le cimetière, mais encore qu'il ne devait pas l'être à la manière des prêtres en quelque lieu que ce fût [1].

L'AVIS DE Mgr DE LA MOTTE

Toutefois ces pratiques d'intolérance n'avaient pas été générales, et elles avaient frappé surtout des ecclésiastiques. Au milieu du xviiie siècle, les prélats de combat qui sont à la tête de la plupart des grands diocèses veulent étendre aux laïques ces sévérités redoutables. L'évêque d'Amiens, la Motte, dont l'autorité morale est grande, se fait l'apôtre du système ; il donne, en décembre 1746, à ses prêtres l'avis suivant :

« Pour la communion, il ne devaient pas la refuser à ceux qui la demandaient en public avec un extérieur décent. Mais pour le viatique et l'extrême-onction, ils devaient tenir une autre ligne de conduite ; si un malade avait la réputation de n'être pas soumis à la bulle, on devait l'interroger ; s'il ne se soumettait pas, lui refuser les sacrements, parce que le corps de J.-C. n'est pas moins profané par ceux qui manquent de soumission à l'Église, que par les mœurs les plus dépravées.

Pour faciliter l'enquête, on résolut même de répandre et de rendre obligatoire un usage qui était alors assez irrégulièrement observé [2] : celui des billets de confession. Tout fidèle devrait présenter un billet signé de son confesseur ; si le confesseur avait adhéré à la bulle, il recevrait les sacrements ; il en serait privé dans le cas contraire.

Dès lors aucun moyen de gagner le salut au prix d'un silence respectueux ; et la vie la plus charitable, la plus vertueuse ne suffira pas à mériter le ciel. Le scandale fut extrême et la révolte gagna vite le peuple, hostile à la bulle. En 1749, le principal du collège de Beauvais Coffin, malade, fait appeler le curé Bouettin. Faute de billet de confession, il meurt sans être administré. 4000 protestataires se pressent à ses obsèques. Dix-huit mois plus tard, son neveu se heurte, de la part du même ecclésiastique, au même refus. Et les refus de sacrement se multiplient, produisant dans la masse une émotion extrême.

1. *Dubuisson*, op. cit., 342-343.

2. Dans les provinces mêmes qui ne sont point du Parlement de Paris, il est certain qu'en Normandie, si on les exige dans les paroisses de campagne, on ne les exige point dans les villes ; il en est de même en Franche-Comté ; on ne connaît point les billets de confession dans les Trois-Évêchés ; l'usage en a été autorisé dans les diocèses de Toulouse et de Rodez, mais dans les villages seulement et non dans les autres diocèses ; l'usage en est en Guyenne pour les paroisses de campagne ; il en est de même dans les diocèses de l'étendue du Parlement de Pau ; l'usage de Roussillon est pour les billets de confession, mais on ne les présente point au curé avant la communion pascale, les curés vont avant la Pentecôte les rechercher dans les maisons pour les présenter au Synode ; on n'a jamais refusé en province à la Sainte-Table pour défaut de billet de confession (J. de Fleury).

II. *L'INTERVENTION DU PARLEMENT :*

Le Parlement, qui, en 1747, avait supprimé le mandement de Mgr de la Motte, mais n'avait pas osé aller plus loin, croit l'occasion propice pour prendre l'offensive. Il cite à comparaître et condamne Bouettin en qui il veut frapper le nouvel archevêque de Paris, Christophe de Beaumont (décembre 1750).

L'AFFAIRE DE L'HÔPITAL GÉNÉRAL

Mais le roi est contre lui. Il blâme son défaut de modération, et marque encore mieux son mécontentement, en transférant à Beaumont, contre tous les usages, la haute direction de l'Hôpital Général (24 mars 1751). Le Parlement veut modifier l'édit qui le dépouille : Louis XV casse l'arrêt et lui défend de délibérer sur la matière. La Cour alors se met en grève (F., I, 666).

M. le Premier Président fit son récit d'une façon fort naturelle... Le récit fini, il régna un silence morne de deux minutes pendant lesquelles toute la Compagnie avait les yeux attachés sur M. Pinon [le doyen de la Grand'Chambre] qui, au milieu de ce sombre silence, éleva une voix de tonnerre et prononça très ferme : « Monsieur, la Compagnie vous déclare qu'elle pense que, la défense de délibérer étant une interdiction de toutes fonctions, elle ne peut ni entend continuer aucun service. » On se mit à crier en se levant « *Omnes, omnes,* et on s'en alla dans les chambres. M. de Benoise seul en secouant la tête dit que ce n'était pas du consentement général, qu'il n'en était pas d'avis ; mais il parla très bas contre son ordinaire et ne fut entendu que d'un très petit nombre de personnes ; un de ceux qui l'entendirent lui dit : « Levez-vous, si vous l'osez et réclamez contre le vœu général d'une compagnie » : il ne l'osa pas... Dans l'instant même que la cessation du service du Parlement fut devenue publique, les avocats fermèrent leur cabinet et ne se présentèrent dans aucuns tribunaux... Au Châtelet, il n'y eut aucune plaidoirie, et même un avocat qui y portait la parole, entendant parler autour de lui de la cessation de service et du parti pris par ses confrères quitta sur-le-champ l'audience et s'en alla. Le jeudi les gens du Roi se rendirent tous les quatre au parquet ; mais il n'y vint pas un substitut : ils mandèrent Boullenois, qui vint leur parler sans robe, et sur ce qu'ils voulurent lui reprocher l'indécence de son habit, il leur répondit qu'il était bien plus étonné de l'indécence du leur, ne pouvant pas concevoir que, se faisant honneur d'être du corps du Parlement, ils s'en séparassent en ce moment.

Même lorsque les parlementaires, obéissant aux injonctions royales, reviennent au Palais le 29 novembre, ils ne reprennent pas leurs sièges ; la justice chôme, et il faut la menace de mesures plus graves pour consommer la défaite de la Compagnie : mais cette défaite est instantanée, complète et piteuse. Le Parlement en sort déconsidéré et perd une partie de ses causes qui sont données au Grand Conseil.

LE PARLEMENT EN 1752

Aussi le Parlement en 1752 ne se mêle-t-il qu'avec prudence aux affaires religieuses, et ses velléités de révolte ne résistent pas aux blâmes du roi ; mais, à la fin de 1752, lorsque les refus répétés de sacrements ont créé à Paris une véritable effervescence, le conflit redevient aigu. La position du Parlement est nettement définie dans plusieurs arrêts dont voici l'un [1].

La Cour... fait défense à tous ecclésiastiques de faire aucuns actes tendant au schisme ; et notamment de faire aucun refus public des sacrements sous prétexte de défaut de représentation d'un billet de confession ou de déclaration du nom du confesseur ou d'acceptation de la Bulle *Unigenitus*,... leur fait pareillement défense de se servir dans leurs sermons, à l'occasion de ladite Bulle, des termes d'hérétiques, schismatiques, novateurs, jansénistes, semi-pélagiens et autres noms de parti, le tout à peine... d'être poursuivis comme perturbateurs du repos public et punis selon la rigueur des ordonnances.

LES GRANDES REMONTRANCES DU 9 AVRIL 1753

Le 15 décembre, il fait saisir le temporel de l'archevêque de Paris qui maintient l'usage des billets de confession, et pousse même l'audace jusqu'à demander au roi la convocation des pairs, afin de faire le procès du prélat. Repoussé, il décide alors de rédiger les « grandes remontrances » assez peu importantes, mais célèbres, dont un extrait suit (F., I, 528).

« C'est en votre nom, Sire, que votre Parlement veille à la conservation de l'État ; son autorité n'est autre que la vôtre, mais c'est votre autorité devenue inaccessible aux surprises, employée

---

1. *Mention*, Documents, II, c°.

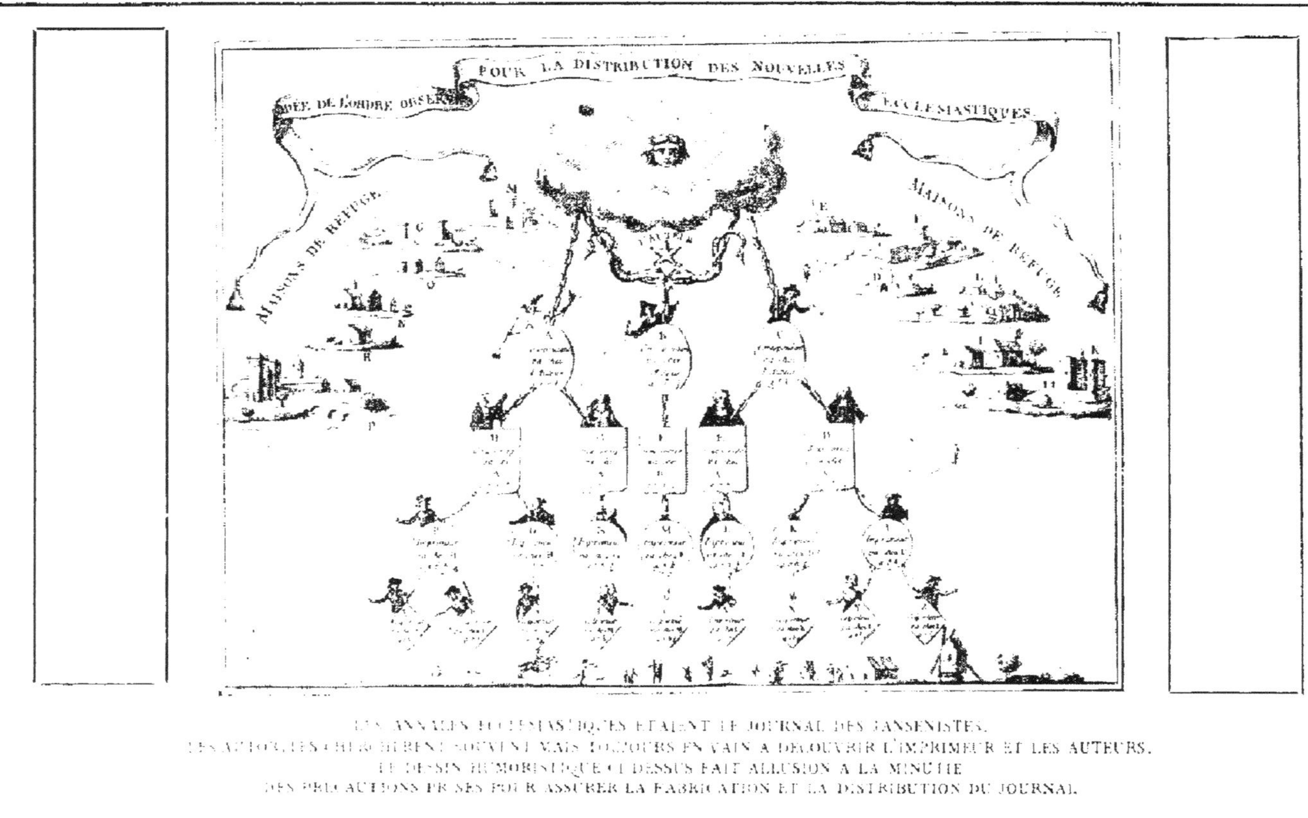

LES ANNALES ECCLÉSIASTIQUES ÉTAIENT LE JOURNAL DES JANSÉNISTES.
LES AUTORITÉS CHERCHÈRENT SOUVENT MAIS TOUJOURS EN VAIN A DÉCOUVRIR L'IMPRIMEUR ET LES AUTEURS.
LE DESSIN HUMORISTIQUE CI-DESSUS FAIT ALLUSION A LA MINUTIE
DES PRÉCAUTIONS PRISES POUR ASSURER LA FABRICATION ET LA DISTRIBUTION DU JOURNAL.

uniquement au bien public conduite et éclairée par les lois... Il en est, Sire, le *ministre essentiel*... Votre Parlement vous a toujours prouvé par sa conduite que, *si l'obéissance due à la Majesté du Roi était perdue, elle se retrouverait dans sa cour de Parlement*. Mais s'il est des occasions où son attachement inviolable aux lois et au bien public semble ne pouvoir s'allier avec une obéissance sans bornes, alors il serait criminel envers vous-même et envers l'État d'oublier... ce qu'il disait lui-même en 1604 au Souverain : *Si c'est désobéissance de bien servir, le Parlement fait ordinairement cette faute, et quand il se trouve conflit entre la puissance absolue du Roi et le bien de son service, il juge l'un préférable à l'autre, non par désobéissance, mais pour son devoir, à la décharge de sa conscience.*

Ces remontrances faites si laborieusement ne furent même pas reçues par le roi. Le Parlement prit alors l'arrêté suivant : « Attendu l'impossibilité où est la Cour de faire parvenir la vérité jusqu'au trône par les obstacles qu'opposent les gens malintentionnés, elle n'a plus d'autres ressources que dans sa vigilance et son activité continuelles ; les chambres demeureront assemblées, tout service cessant, jusqu'à ce qu'il ait plu au seigneur roi d'accueillir favorablement les ordonnances. » Le roi lui enjoignit de reprendre ses fonctions ordinaires : il réplique qu'il ne le peut « sans manquer à son devoir et à son serment ». Alors ce sont les mesures de rigueur : l'exil des membres des requêtes et des enquêtes, puis, quand la Grand'Chambre, épargnée, eût maintenu la décision commune de ne point juger les causes ordinaires, la translation de celle-ci à Pontoise. Et ce fut, comme d'habitude, la grève de la justice.

L'AFFAIRE DE VERNEUIL

Des scènes analogues se produisirent en province ; la plus importante se produisit à Verneuil et provoqua l'intervention du Parlement de Rouen qui « effrayé ... du danger de laisser introduire dans la province un schisme qui déjà causait tant de troubles », décréta l'évêque d'Évreux d'ajournement personnel. Le roi ordonne de faire biffer cet arrêt et charge un haut commissaire, le marquis de Fougères, d'exécuter ces ordres. Et voici ce qui se passa.

« Parti à pied de l'hôtel de la première présidence, escorté du grand prévôt, accompagné de tous les officiers du Royal Dragons qui marchaient devant lui deux à deux, il avait tenté de faire entrer tout ce monde avec lui dans la Grand'Chambre. Repoussé si vivement et tout d'une voix, dans une prétention si nouvelle, du moins se voulait-il asseoir sur les fleurs de lys, au-dessus du doyen des conseillers, et comme le Parlement se mettait en devoir d'en délibérer, il avait témoigné vouloir en être à toute force ; on eut toutes les peines imaginables à l'en empêcher, et l'on n'y était parvenu qu'en lui déclarant que tous les magistrats allaient sortir, si lui-même, il ne se hâtait de le faire ; à quoi se décidant, il était allé attendre dans le *cabinet doré*, d'où on le fit bientôt revenir, pour lui signifier qu'il n'aurait séance qu'au banc des rapporteurs. Cette place ne lui agréant point, il retourna derechef au cabinet doré... ; à un quart d'heure de là, il revint dire tout bien réfléchi qu'il acceptait la place offerte, mais sans tirer à conséquence, et à condition qu'au registre il serait fait expresse mention de ses réserves...

Montrant... des ordres du roi qui lui avaient enjoint de biffer *lui-même*, ces arrêts sur la minute, il demandait qu'on lui apportât incontinent les registres « résolu à exécuter, même par force les ordres du monarque. Or ces ordres n'étant point scellés, c'était une question de savoir si l'on y devait obéir. Mais le Parlement en voulant délibérer, le marquis défendit au nom du roi de faire aucune délibération. « Apportez les registres, disait le premier président Pontcarré... — Ne les apportez pas, criaient tous les conseillers des enquêtes... » Voyant qu'il lui était défendu de délibérer, le Parlement se leva tout entier, se disposant à quitter la chambre du conseil. Le marquis... aurait voulu empêcher les magistrats de sortir, et osa... leur défendre impérieusement de le faire. Mais, vivement interpellé d'exhiber les ordres du roi, il n'eut plus qu'à se taire, et se vit contraint de laisser sortir toute la compagnie, qui le laissa là avec le greffier en chef Auzanet qu'il avait retenu par force, et le premier président Pontcarré qui y était demeuré de bonne grâce... Au reste il allait lui venir du renfort... C'étaient tous les officiers de Royal Dragons qui, sortant avec empressement du cabinet doré, leur colonel en tête, envahirent fièrement la Grand'-Chambre, prêts à venir en aide au marquis... Le greffier en chef Auzanet, sommé au nom du roi de représenter les minutes des arrêt cassés, montrant sur un bureau les minutes des arrêts qu'on veut détruire : « Vous pouvez, dit-il, exécuter les ordres de S. M. » On cherchait des huissiers, pour opérer les radiations prescrites. Mais ils avaient tous quitté le palais. En leur absence, le marquis, la plume à la main, se mettant à l'œuvre, bâtonne, biffe, cancelle les arrêts ; les dragons, comme lui armés de plumes, lui viennent diligemment en aide, on est parvenu à découvrir dans les couloirs un commis du greffe, qui, aidé par un clerc de procureur, transcrit en marge des arrêts bâtonnés les délibérations du Conseil qui les ont cassés. Auzanet, témoin passif de cette scène toute militaire... délivre au marquis sur sa demande un acte attestant à S. M. la pleine exécution des ordres qu'elle a donnés, puis il se retire [1].

LES MESURES DU GOUVERNEMENT

Le gouvernement ne pouvait rester indifférent devant cette rébellion des Parlements : il avisa d'abord au plus pressé en organisant la justice à Paris pendant la période des vacances : une Chambre des vacations formée de conseillers d'État et de maîtres des requêtes siégea au couvent des Petits-Augustins, puis, après la Saint-Martin, fut remplacée par une Chambre royale, recrutée dans les mêmes conditions et qui fut installée au Louvre. La juridiction nouvelle laissait loin derrière elle, au point de vue de la compétence et de l'impartialité, l'ancien Parlement ; sa division en deux sections, civile et criminelle, était logique, et sa procédure marquait un progrès réel. Néanmoins elle fut très mal accueillie et ne put rien faire. Le Châtelet, qui n'avait pas contesté la légalité de la Chambre des vacations, s'insurgea contre la Chambre du Louvre, et la Cour des aides adopta la même attitude, ainsi que les tribunaux inférieurs. Les procureurs, les avocats s'abstenaient. Les juges consuls refusaient de se laisser réélire ou installer. Les pairs eux-mêmes hésitaient à venir dans la nouvelle Cour. Cette grève générale des corps judiciaires devenait désastreuse pour la capitale, désertée par les plaideurs, par les clercs congédiés, et pour l'État, privé du produit du droit du timbre. Il fallait ou refondre en entier le système judiciaire ou céder. Ce fut au deuxième parti que le gouvernement bientôt se résigna. Il aurait voulu du moins, avant de rappeler le Parlement, assurer la paix religieuse. Il avait chargé une commission d'ecclésiastiques et de laïques [2] d'étudier la question des sacrements et de trouver un compromis ; mais il l'avait mal composée. Les ecclésiastiques étaient hostiles à toute déclaration royale. Le cardinal de Soubise exprimait l'avis de la majorité d'entre eux en soutenant « que le roi n'a pas le pouvoir ni de faire aucun règlement sur la discipline ecclésiastique, ni de s'opposer à ceux que font les évêques, ... qu'il n'a d'autre part à y prendre que de les faire exécuter ». Ils trouvaient blâmables les excès de zèle de Beaumont, mais refusaient de les blâmer ; ils estimaient que les sacrements devaient être seulement refusés aux pécheurs publics, et qu'il fallait éviter le scandale, mais ne voulaient pas qu'on fît état de cette déclaration ; enfin, tout en avouant que la bulle Unigenitus n'était pas une règle de foi au sens strict du mot, ils exigeaient qu'on lui confirmât le caractère de loi de l'État. Les

---

1. *Flaquet, op. cit.*, VI, 287.

2. Les membres étaient, à ce qu'il semble, les cardinaux de la Rochefoucauld et de Soubise, l'archevêque de Rouen, Tradame, de la Grandville, Joly de Fleury, Gilbert et d'Aunac. Le maréchal de Noailles joua aussi un certain rôle dans ces pourparlers. Cf. B. Nat., coll. *Joly de Fleury*, n° 1495.

conseillers du roi, à part Joly de Fleury et Gilbert qui évoquèrent avec angoisse devant leurs collègues les souvenirs de la Ligue, se rangèrent de leur côté, les plus modérés professant qu'une intervention royale pouvait faire plus de mal que de bien et que l'abstention était la meilleure des politiques. Aussi le principe d'une déclaration fut-il rejeté à une forte majorité. Et tout espoir d'aboutir rapidement s'évanouit. Ce fut en vain en 1753 que la commission fut priée de tenir de nouvelles délibérations. Le roi, obligé de rappeler le Parlement, résolut donc de renouveler la « loi du silence ».

LE LIT DE JUSTICE DU 14 DÉCEMBRE 1756

Le silence ne vint pas. Des deux côtés on refuse ou on ordonne d'administrer. Et l'exil de Beaumont à Conflans, puis en Auvergne, n'amortit pas les passions. L'Assemblée du clergé de 1755, bien que travaillée par le gouvernement, et unanime à déplorer les progrès de l'esprit philosophique, ne peut s'entendre sur la solution nécessaire, et c'est au pape qu'il faut recourir. Après une négociation où Choiseul joua un rôle important, un bref intervint qui restreignait la défense d'administrer les sacrements aux seuls pécheurs publics et notoires, interdisait le scandale et prescrivait le silence. Ce fut la fin des affaires de sacrements, et l'on ne continua guère de disputer que sur le caractère de la bulle.

La cour, rassurée, résolut alors d'en finir avec les Parlements. Machault, qui était leur ennemi, et que les ultramontains poussaient à la revanche, usa de la force. Presque sans en référer au Conseil, il fit tenir le 14 décembre 1756 un lit de justice, où il donna lecture de trois actes royaux. Une première déclaration ratifiait l'accord intervenu avec Rome et défendait de troubler la paix publique. Un édit supprimait deux chambres, 64 offices de conseillers et toutes les présidences des enquêtes. Les conseillers des Requêtes ne pourraient désormais entrer à la Grand'Chambre qu'après un stage de trois ans aux enquêtes. Pour gagner un certain nombre de magistrats, on promettait d'augmenter le nombre des conseillers de la Grand'Chambre. Une autre déclaration modifiait la discipline de la Cour et renforçait l'autorité de la Grand'Chambre.

1. Tout ce qui concerne la police générale dans les matières civiles ou ecclésiastiques sera spécialement attribué à la Grand'Chambre de notre Parlement... sans que, sous aucun prétexte, les officiers... des Enquêtes et Requêtes... puissent en prendre connaissance, si ce n'est dans le cas où l'assemblée des Chambres aurait été jugée nécessaire...

3. Les Chambres ne pourront être assemblées pour le jugement desdites causes... qu'au préalable, le Premier Président, ou celui qui, en son absence, présidera, n'ait été instruit des motifs pour

lesquels sera demandée ladite assemblée, et des objets sur lesquels on se propose de délibérer.

4. Le Premier Président ou celui qui... présidera, communiquera aux Présidents du Parlement et à la Grand'Chambre... la demande... de l'assemblée des Chambres et les motifs d'icelle, pour... être... délibéré...; et dans le cas où, à la pluralité des suffrages, il aurait été arrêté d'assembler lesdites Chambres, il y sera procédé en la forme ordinaire et accoutumée.

6. Ne pourront dans aucun cas être faites aucunes dénonciations à notre Parlement que par le ministère de notre Procureur général...

7. A l'égard de nos ordonnances, ...concernant l'administration générale de la justice, les impositions nouvelles, les créations de rentes et d'office..., il ne pourra être procédé |à leur enregistrement| qu'aux Chambres assemblées...

8. En procédant à l'enregistrement desdites ordonnances... pourra notre dite Cour... arrêter qu'ils nous soit fait telles remontrances et représentations qu'elle estimera convenables...

9. Notre dite Cour... sera tenue de vaquer à la confection desdites remontrances... aussitôt qu'elles auront été arrêtées, en sorte qu'elles puissent nous être présentées dans la quinzaine au plus tard du jour que lesdites ordonnances... auront été remises à ladite Cour... lequel délai ne pourra être prorogé sans notre congé et permission spéciale.

10. Lorsqu'il nous aura plu de répondre auxdites remontrances,... notre Parlement sera tenu d'enregistrer dans le lendemain du jour de notre réponse lesdites ordonnances... sauf..., après l'enregistrement, à nous représenter ce qu'elle avisera bon être sur l'exécution d'icelle pour y être par nous pourvu autant que nous le jugerons à propos, sans néanmoins que lesdites représentations puissent suspendre l'exécution de nos dites ordonnances...

11. Faute par notre Cour... de procéder à l'enregistrement prescrit... voulons... que nos dites ordonnances soient tenues pour publiées et enregistrées.

12. Les conseillers en notre Cour... qui y seront reçus à l'avenir... ne pourront avoir entrée... en l'assemblée des chambres... qu'après qu'ils auront servi dix ans dans ladite compagnie.

13. Voulons pareillement qu'il ne soit accordé aucune lettre de dispense... à l'effet de donner voix délibérative avant l'âge de 25 ans.

14. Faisons les expresses... défenses... à tous... de notre dite Cour... de lever, suspendre ou interrompre, pour quelque cause et

sous quelque prétexte que ce soit, leurs fonctions..., sous peine de désobéissance et de privation de leurs offices.

15. ...Défendons au Premier Président et aux autres Présidents... de permettre aucune assemblée ou délibération à ce sujet, d'y présider, même d'y assister: déclarons nulle toute assemblée et délibération contraire à la présente disposition.

Les conseillers des enquêtes démissionnèrent aussitôt, imités par une vingtaine de magistrats de la Grand'Chambre. Ceux qui restaient dans celles-ci cherchèrent à fléchir par leurs suppliques le souverain : loin d'y avoir égard, il exila 16 des plus intransigeants. Ces rigueurs en faisaient présager d'autres. Mais l'attentat de Damiens fit peur à Louis XV ; la situation diplomatique exigeait des fonds pour lesquels l'enregistrement du Parlement semblait nécessaire ; enfin la grève recommençante de la justice provoquait dans Paris une agitation qui pouvait devenir dangereuse. Comme toujours, la couronne céda. Ce fut, semble-t-il, Mme de Pompadour qui, après avoir conféré avec le président Meynières, détermina le revirement ; la disgrâce de Machault le rendit plus éclatant. Pour sauver la face, la cour et le premier président imaginèrent le plan suivant qui fut exécuté. La Grand'Chambre adresserait au roi des suppliques respectueuses. Le souverain, touché par elles, annoncerait que, s'il maintenait sur deux points ses volontés, il ferait interpréter la déclaration relative à la discipline, c'est-à-dire celle qui, touchant à l'assemblée des chambres et au droit de remontrances, était la plus importante : jusqu'à la publication des précisions royales, cette déclaration resterait en suspens. Enfin Louis XV promettrait le retour des exilés, dès que l'enregistrement des deux premiers édits aurait été effectué. Les choses se passèrent de la sorte. Le roi concéda même davantage : si les deux chambres des enquêtes restaient supprimées, les conseillers qui y avaient séance furent seulement répartis dans les chambres conservées, sans qu'on éteignît presque aucun office ; et il fut décidé que les présidences des enquêtes ne seraient abolies qu'après le décès des titulaires.

III. *LA VICTOIRE DU PARLEMENT.*

Le Parlement sort donc victorieux de la lutte ; s'il adresse au roi des remerciements pour sa clémence, s'il proteste de sa fidélité et de son obéissance, il conçoit toujours cette obéissance et cette fidélité de la même manière. Il n'enregistre la déclaration relative à la Bulle qu'en réservant les maximes du royaume et sans tirer à conséquence pour l'avenir. Il décrète qu'il continuera à se gouverner par ses usages propres. Il est si intransigeant que le premier président Maupeou, accusé de n'avoir pas défendu les droits de la Compagnie avec assez de vigueur, démissionne, que quatre conseillers dissidents l'imitent. C'est le triomphe du parti de la résistance à la cour.

LES PRÉTENTIONS DU PARLEMENT

. Or ce parti affiche des prétentions nouvelles ou du moins les avoue plus hautement. Déjà en 1755 il cite avec complaisance et approuve des textes comme celui-ci (F., II, 69).

Nous avons, Sire, deux sortes de lois ; les unes sont les ordonnances de nos rois qui se peuvent changer selon la diversité des temps et des affaires ; les autres sont les ordonnances du royaume qui sont inviolables... Entre ces lois publiques, celle-là est une des plus saintes et laquelle vos prédécesseurs ont le plus religieusement gardée de ne publier ni loi ni ordonnance qui ne fût vérifiée en cette Compagnie.

En septembre 1759, c'est la légalité même des lits de justice que le Parlement conteste en ces termes (F., II, 254).

« ... Rien ne peut avoir force de loi publique en France, ni en matière ecclésiastique ni en matière politique, qui ne soit autorisé et publié en vertu d'un arrêt de son Parlement... » C'est une espèce d'illusion et de contradiction de croire que les édits, qui par les lois du royaume ne sont pas susceptibles d'exécution jusqu'à ce qu'ils aient été apportés et délibérés dans les cours souveraines, passent pour vérifiés lorsque le roi les a fait lire et publier en sa présence.

LES PARLEMENTS DE PROVINCE ET L'IDÉE DES CLASSES

Chose plus grave encore, ces théories sont adoptées par tous les Parlements. Nous connaissons déjà l'attitude de celui de Rouen. Celui de Rennes fait entendre de 1755 à 1757 des remontrances de plus en plus fortes. Celui de Besançon répond à l'emprisonnement de plusieurs de ses membres par la grève générale. Surtout l'idée se répand que toutes les Cours sont solidaires et qu'elles sont les parties d'un même tout. Dès que l'une est frappée, les autres interviennent. C'est Rouen qui proteste en faveur de Paris menacé d'être dépouillé au profit du Grand Conseil, Paris en faveur de Besançon : c'est de toutes parts un échange de correspondances, de rapports, une série d'essais convergents pour aboutir à une communauté d'action. Le mouvement est déjà si fort en 1758 que certains esprits le jugent irrésistible. En 1759 la thèse a prévalu. Les parlementaires ne considèrent leur compagnie que comme des « classes » ou sections d'un Parlement unique. Voici ce qu'écrit en février 1757, à propos de mesures dirigées contre celle de Paris, la cour de Rouen.

L'AFFAIRE DES BILLETS DE CONFESSION

L'unité constitutive de son Parlement, gage de la stabilité de la monarchie, est le principe de l'union de ses différentes classes.

L'unité générale de notre Parlement fait de ses différentes classes un corps unique, où se conserve sans conflit d'autorité une correspondance mutuelle... La multiplicité des forces de votre Parlement consiste dans la distribution de ses classes répandues dans le royaume, où chacun, représentant le corps entier, veillant au nom de tout le corps à la tranquillité publique, exerce sans obstacle dans le ressort confié à ses soins la plénitude du pouvoir dont tout le corps est dispositaire [1].

L'heure n'est donc plus aux petites habiletés : il n'est plus possible d'opposer les Parlements les uns aux autres : la coalition parlementaire existe : il faut la vaincre ou capituler devant elle.

LES PARLEMENTS ET L'OPINION

La lutte est d'autant plus difficile à soutenir que l'opinion est pour les Parlements. Ceux-ci ont résisté de leur mieux aux demandes d'argent du roi, aux prétentions du clergé ultramontain : ils apparaissent de plus en plus en face d'un souverain faible et d'un despotisme aux abois comme les défenseurs des traditions et des libertés. On les acclame quands ils partent, plus encore quand ils reviennent ; leurs arrêts sont vendus par milliers. Chose étrange, les pairs mêmes semblent les soutenir. Quand le Parlement proteste en 1755 contre les prétentions rivales du Grand Conseil, il convoque les pairs qui, après délibération chez le duc d'Orléans, décident de se rendre à son appel ; et comme le roi le leur interdit, ils font remettre au souverain une pétition pour être autorisés à siéger. Il ne s'agit donc plus de remontrances ordinaires. Les Parlements sont le centre de la résistance, le foyer des protestations nationales : c'est un véritable pouvoir, et l'on pourrait presque dire que la théorie de Montesquieu, la balance et l'équilibre des pouvoirs, est devenue en France une réalité.

BIBLIOGRAPHIE. — DUC DE LUYNES. *Mémoires*, éd. Dussieux et Soulié, Paris, 1860-1865, 17 vol. in-8 ; MARVILLE, *Lettres à Maurepas*, éd. Boislisle (publications de la Société d'Histoire de Paris), Paris, 1896-1905, 3 vol. in-8 ; *Annales ecclésiastiques* (journal), MIRO-MESNIL (Hue de). *Correspondance*, éd. Le Verdier, Paris, Rouen 1890-1903, 3 vol. in-8 ; BOUTRY, *Choiseul à Rome*, Paris, 1895, in-8 ; GAZIER, *Une suite à l'histoire de Port-Royal : Jeanne de Boisgnorel et Christophe de Beaumont*, Paris, 1926, in-12 ; REGNAULT (Père É.), *Vie de Christophe de Beaumont*, Paris, 1882, 2 vol. in-8 ; L. CAHEN, *A propos de quelques points d'histoire religieuse*, Bulletin de la Société d'Histoire moderne, 1912.

1. *Floquet*, op. cit., VI, 493 et 497.

CHAPITRE V

LA CONDAMNATION DES JÉSUITES

I. LES DÉBUTS DE L'AFFAIRE : LA QUESTION DES JÉSUITES ; L'AFFAIRE LA VALETTE.
II. L'AFFAIRE DES JÉSUITES : LE PARLEMENT DE PARIS ET LE ROI ‖ ARRÊT DU 6 AOÛT 1762.
III. DANS LES PROVINCES : A RENNES ‖ A AIX ‖ LA FIN DE L'ORDRE.

I. *LES DÉBUTS DE L'AFFAIRE.*

Les Parlements, qui n'ont pu dans l'affaire des billets de confession obtenir une victoire complète et réduire l'archevêque de Paris, vont prendre leur revanche et manifester leur puissance en frappant malgré le roi, la reine, le Dauphin et la majorité du clergé, leurs adversaires, irréductibles, les jésuites.

LA QUESTION DES JÉSUITES

Le jansénisme, vers 1760, est décidément vaincu. Des prélats, des prêtres de l'époque héroïque, presque aucun ne survit : sur les sièges des appelants sont montés des zélateurs de l'obéissance au pape. Et il n'y a guère que dans les couvents, surtout les couvents de femmes, que survit l'esprit de résistance. Sans doute, l'on combat encore autour de la bulle. Les parlementaires s'obstinent à lui refuser le caractère de règle de foi, que les assemblées du clergé revendiquent pour elle. Mais c'est là surtout un débat théorique : on est lassé de la lutte pour laquelle, d'ailleurs, les soldats vont manquer dans un camp. Aussi l'hostilité se tourne-t-elle contre ceux dont le succès de la bulle semble le succès propre, les Jésuites. Ils ont dépouillé dans beaucoup d'Universités et de séminaires les autres ordres de leurs chaires, ou ils ont dressé, comme à Toulouse, en face des vieilles Facultés, des écoles rivales : grâce au nouveau recteur, Ventadour, ils ont mis la main sur la Sorbonne, qu'ils peuplent de leurs créatures, et dont l'enseignement se modèle sur le leur. Confesseurs des rois, des évêques, ils semblent des missionnaires envoyés pour conquérir la France aux idées ultramontaines. Les prélats qui sont leurs amis contribuent à répandre cette idée par les témoignages de leur reconnaissance empressée. Voici ce qu'écrivait au Général des Jésuites l'archevêque de Beaumont, le 16 juillet 1755.

Je n'ai pas grand mérite dans ce que je viens de faire pour votre

Compagnie. Il fallait ou abandonner la religion trop ébranlée dans ces temps fâcheux, ou placer un jésuite dans le poste en question. J'ai suivi mon inclination, je l'avoue ; mais ici le devoir parlait bien aussi haut que l'inclination. C'est votre gloire, et en même temps votre consolation qu'au moins dans les circonstances présentes, l'apparence seule d'une disgrâce pour la Compagnie en eût été pour ainsi dire une véritable pour la religion. Les Jésuites exclus de la place, le jansénisme triomphait, et avec le jansénisme une troupe de mécréants qui n'est aujourd'hui que trop nombreuse [1].

Aussi de bonne heure des protestations se font-elles entendre. A Rouen, dès 1716, à propos d'un sermon de l'Avent, on affiche un placard violent.

Puisque le magistrat ne réprimait point la fureur de ces pestes publiques, de ces meurtriers de nos rois, tout bon Français devait faire main basse sur ces scélérats, qui étaient de la Compagnie de Jésus, comme Judas en avait été [2].

Les incidents de Saint-Médard, le concile d'Embrun déterminent des attaques furieuses. C'est l'opinion de ses coreligionnaires que Carré de Montgeron transcrit en ces termes.

Le second projet est formé par cette Société ambitieuse, dont les pernicieuses maximes ont déjà fait porter le fer jusque dans le sein des rois vos ancêtres. Ses chefs veulent devenir un jour les maîtres dans votre royaume. Pour cet effet, ils ont répandu dans tous vos États leur nouvelle morale qui, en dispensant les chrétiens de la nécessité de l'amour de Dieu, et en fournissant des excuses à presque tous les pécheurs, leur attache tous ceux qui veulent pouvoir espérer de se sauver sans réprimer aucune de leurs passions. Déjà plusieurs de vos sujets leur ont donné leur confiance, et, dirigés par de tels guides qui ne cessent de leur inspirer une fatale indépendance du Souverain Maître des cœurs, a-t-on lieu d'espérer que leurs leçons les rendront plus fidèles à V. M. qui est la plus vive image du Très-Haut sur la terre ? Les premières démarches de ces nouveaux docteurs ne nous donnent-elles pas au contraire tout sujet de craindre, qu'ils ne disposent vos peuples à satisfaire tôt ou tard les desseins ambitieux d'une cour perpétuellement attentive à s'élever au-dessus de votre trône. En effet, en même temps qu'ils nient la toute-puissance de Dieu sur les cœurs, et le pouvoir souverain qu'il a donné aux Rois sur les

1. *Regnault*. Christophe de Beaumont, I, 248.
2. *Floquet*, op. cit., VI, 527.

5

sujets qu'il fait naître dans leurs États, ils proclament le pape comme la seule puissance qu'il y ait sur la terre, tant pour le spirituel que pour le temporel. Ils s'empressent de lui faire une tiare de toutes les couronnes entassées les unes sur les autres, et en lui attribuant l'infailliblité, ils en font en quelque sorte un Dieu visible ; non pas qu'ils ayent pour lui un véritable respect, mais parce qu'ils espèrent de se servir utilement du pouvoir sans bornes qu'ils lui attribuent pour l'exécution de leur projet qui est de se rendre par son autorité dont ils ne disposent que trop les maîtres souverains dans tous les États catholiques et spécialement, Sire, dans les vôtres [1].

Fait plus curieux encore : une dénonciation parvient au congrès de Soissons qui réclame la suppression de la Compagnie. Mais c'est à partir de 1750 que le mouvement devient aigu, l'ordre portant la responsabilité des refus de sacrements, et partageant l'impopularité de Beaumont. On attaque de nouveau leurs docteurs, leur doctrine, leur enseignement, Bellarmin comme Busembaum. A Rouen, en 1756, la Grand'Chambre condamne au feu plusieurs de leurs écrits.

« Comme contenant des propositions fausses, une doctrine contraire aux lois divines et humaines, imaginée méchamment, soutenue avec une audace aussi indécente qu'attentatoire à l'autorité du roi et de la cour, et capable d'exciter les esprits faibles aux plus détestables forfaits [2]. »

Elle déclare un sujet de composition en vers latins, dicté à des élèves de troisième,

« Pernicieux, séditieux, capable d'induire aux plus grands attentats. »

Visiblement, les Parlements, les gallicans, les derniers jansénistes, n'attendent qu'une occasion pour donner à l'Institut l'assaut décisif.

L'AFFAIRE LA VALETTE

Cette occasion fut le procès du P. Lavalette. La Valette était un jésuite qui, après avoir professé en France, avait été envoyé dans les Antilles. Les établissements des Pères étaient alors (1742) dans un état déplorable, surchargés de dettes et ruinés. L'esprit avisé du nouveau venu, les relations qu'il sut nouer, le succès de quelques expédients qu'il tenta lui donnèrent une réputation considérable et lui gagnèrent la confiance de ses chefs. Nommé d'abord procureur de la Mission, il devint en mai 1753 supérieur général de la Mission des îles du Vent

---

1. *Carré de Montgeron.* Épitre au Roi. t. I. p. XIX.
2. *Floquet,* op. cit., VI, p. 332.

et préfet apostolique. Il développa ses tentatives financières, et se montra, dans ses nouvelles fonctions, un administrateur habile, mais trop audacieux. Il reconstruisit des maisons qu'il loua, acheta un grand domaine qu'il fit exploiter par des nègres, et dont il vendit les produits, se fit le commissionnaire général de l'île pour la vente des denrées coloniales, fréta des vaisseaux ; il eut des correspondants, un crédit ouvert en Europe. Pour tous ces objets, il avait eu besoin de fonds qu'il avait empruntés : ses bénéfices étaient assez considérables pour lui permettre d'amortir sa dette en peu de temps : mais il lui fallait un certain temps ; il n'en eut pas ; la rupture entre la France et l'Angleterre eut pour suite la saisie de ses cargaisons. Dès lors plus de rentrées. Ses créanciers réclamèrent à son correspondant. Celui-ci, le procureur de la province de France, paya d'abord, mais bientôt effrayé du chiffre des exigibilités en référa à ses supérieurs. Un mouvement dans le personnel directeur venait justement de porter au pouvoir à Paris et à Rome des hommes peu favorables à La Valette, et fort irrités de se trouver mêlés à des spéculations qu'ils ignoraient. Au point de vue du droit, il semble bien prouvé que l'ordre n'était pas responsable des emprunts contractés à la Martinique, chaque province étant autonome. De plus il n'y avait pas eu encore de bénéfices encaissés, donc pas de répétition véritable. Les Jésuites, si souples ordinairement, se montrèrent pour cette fois inflexibles et résolurent d'abandonner leur confrère. C'était une faute. Les banquiers de Marseille, Lioncy et Gouffre, déposèrent leur bilan, et plusieurs de leurs créanciers, furieux de n'obtenir aucune promesse de l'Ordre, se décidèrent à l'appeler en garantie devant la Cour d'Aix : condamnés en première instance, les Jésuites firent la seconde faute de porter leur cause devant le Parlement de Paris, son ennemi, qui les condamna le 8 mai 1761.

II. *L'AFFAIRE DES JÉSUITES.*

Mais l'affaire s'était élargie et changeait de caractère. L'affaire La Valette était devenue l'affaire des Jésuites.

LE PARLEMENT DE PARIS ET LE ROI

Le 17 avril 1761, le conseiller des Enquêtes Chauvelin demanda à présenter aux Chambres quelques observations « qui ne concernent en aucune manière la cause ni la question dont la Grand'Chambre est saisie », et dénonça les règles de la Société de Jésus, comme paraissant, d'après les extraits publiés, incompatibles avec l'ordre public. Le Parlement ordonna en conséquence aux supérieurs de déposer à son greffe des exemplaires de leurs constitutions, à fin d'être examinées par le parquet. Le 3 juillet, le procureur général Joly de Fleury donna ses conclusions. Assez modérées, elles tendaient à imposer aux jésuites la soumission à l'autorité des évêques, le respect des maximes de 1682, l'interdiction de recevoir en France des membres étrangers, enfin la tenue d'assemblées générales périodiques où le roi déléguerait des commissaires. La Cour chargea le 8 juillet des commissaires de rapporter la cause.

Les dispositions des magistrats n'étaient pas douteuses, et l'opinion, très malveillante à l'égard des jésuites, ne pouvait qu'en exagérer la rigueur. Les protecteurs de l'ordre s'alarmèrent ; ils voulurent gagner du temps et obtenir quelques concessions, pour apaiser le public. Le roi, sollicité par le Dauphin, la reine, ses filles, avait promis dès la fin d'avril qu'il évoquerait l'affaire en son Conseil. Il le fit le 3 août[1] et ordonna aux Parlements de s'abstenir de tout arrêt même provisoire pendant un an. La Cour tint si peu de compte de cette défense que, le 6, elle reçut le procureur général appelant comme d'abus de la bulle *Regimini* (d'octobre 1540) qui autorisait l'ordre et condamna au feu 24 livres écrits par des Jésuites. Si elle consentit à ajourner à un an le prononcé du jugement au fond, elle défendit, par provision, à l'ordre de continuer à se recruter, à tenir des écoles, et à recevoir des élèves. Le roi interdit d'exécuter ces arrêts avant un an ; de sa propre autorité, le Parlement réduisit le délai à 6 mois.

Pour désarmer leurs adversaires, les Jésuites de France, sur les conseils de l'entourage royal, firent des concessions sérieuses. Plusieurs de leurs représentants les plus autorisés, même le provincial de Paris, se déclarèrent prêts à reconnaître l'autorité des évêques et à enseigner les articles des libertés gallicanes. De son côté Louis XV convoqua chez le cardinal de Luynes[2] une assemblée d'évêques, qui, à la très grande majorité de ses membres, déclara l'existence de l'ordre nécessaire à la force de l'Église. Les amis du Gesù espéraient que les Parlements n'oseraient passer outre à la déclaration des prélats et qu'ils se tiendraient pour satisfaits de l'hommage rendu aux principes de 1682. C'est pourquoi le roi publia deux édits qui, dans sa pensée, devaient terminer la querelle : le premier, du 3 mars 1762, obligeait les Jésuites à reconnaître la juridiction de l'ordinaire[3], mais éteignait les procédures en cours ; le second reconnaissait aux établissements des Jésuites la personnalité civile, et rendait inutile par suite la discussion des anciens titres.

Mais le Parlement ne céda point. Il refusa d'enregistrer les édits royaux, chargea son président de remontrer aux souverains que les constitutions de la Compagnie étaient intolérables, et obtint de continuer le procès qui se termina le 6 août, par l'arrêt célèbre que voici.

---

[1]. Le Conseil nomma pour l'examen de l'affaire une commission composée de 6 membres : Gilbert des Voisins, Feydeau de Brou, d'Aguesseau de Fresne, Pontcarré de Viarme, de la Bourdonnaye et Flesselles.

[2]. 30 novembre 1761.

[3]. L'évêque.

ARRÊT DU PARLEMENT DE PARIS CONCERNANT LES JÉSUITES (6 AOUT 1762)

Ladite Cour, toutes les Chambres assemblées, faisant droit sur ledit appel comme d'abus interjeté par le procureur général du roi, de l'Institut et constitutions de la Société se disant de Jésus... Dit qu'il y a abus dans ledit Institut de ladite Société se disant de Jésus... Ce faisant déclare ledit Institut inadmissible par sa nature dans tout État policé, comme contraire au droit naturel, attentatoire à toute autorité spirituelle et temporelle, et tendant à introduire dans l'Église et dans les États, sous le voile spécieux d'un Institut religieux, non un ordre qui aspire véritablement et uniquement à la perfection évangélique, mais plutôt un corps politique, dont l'essence consiste dans une activité continuelle pour parvenir par toutes sortes de voies directes ou indirectes, sourdes ou publiques, d'abord à une indépendance absolue et successivement à l'usurpation de toute autorité.

Notamment en ce que, pour former un corps immense répandu dans tous les États sans en faire réellement partie, qui, ne pensant et n'agissant que par l'impulsion d'un seul homme, marche toujours infailliblement vers son but, et puisse exercer son empire sur les hommes de tout état et de toute dignité, ladite Société s'est constituée monarchique et concentrée dans le gouvernement et la disposition du seul général auquel elle a attribué toute espèce de pouvoirs utiles à l'avantage et à l'élévation de ladite Société ; en sorte qu'autant elle se procure de membres dans les différentes nations, autant les souverains perdent de sujets qui prêtent entre les mains d'un monarque étranger le serment de fidélité le plus absolu et le plus illimité.

Qu'il aurait été attribué à cet effet au général sur tous les membres de ladite Société l'autorité la plus universelle et la plus absolue...

L'arrêt reprend ensuite les autres signes qui manifestent l'ambition de l'ordre : réunion de grands biens, pratique du commerce, indépendance de toute autre autorité ecclésiastique, morale facile et faite pour gagner le plus de gens possible, système de terreur contre les adversaires présumés, et à ce propos il formule l'accusation de régicide.

... doctrine dont le dernier excès iroit jusqu'à porter l'inquiétude dans le sein des souverains par l'enseignement, persévéramment soutenu dans ladite Société, du consentement exprès des supérieurs d'icelle, même depuis 1614, du régicide, et de tout ce qui peut attenter à la sûreté de la personne sacrée des souverains, à la nature et aux droits de la puissance royale, à son indépendance pleine et absolue de toute autre puissance qui soit sur la terre, et aux serments inviolables de fidélité qui lient les sujets à leurs souverains...

Ces caractères... présentent le tableau d'un corps qui aspire uniquement à l'indépendance et à la domination, et qui tend évidemment à miner peu à peu toute autorité légitime, à effectuer la dissolution de toute administration, et à détruire le rapport intime qui forme le lien de toutes les parties du corps politique : tableau d'autant plus effrayant que les lois dudit Institut sont un véritable fanatisme réduit en principe, et qui ne laisse par son industrieuse prévoyance aucune voie pour le réduire ou le réformer, en sorte que la plus légère atteinte portée à sa manière d'exister, si on pouvoit la réaliser, ne pourroit être que la création d'un nouvel Institut.

Indépendamment de ce qui s'est passé dans les différents États de la chrétienté, même de ce qui est récemment arrivé en Portugal..., la France, en particulier, n'a que trop ressenti les funestes effets que ne pouvoit manquer de produire un pareil Institut ; Henri IV... rendit générale par un édit l'expulsion que la Cour avait prononcée contre elle ; que si, cédant ensuite aux vues séduisantes d'une politique trop périlleuse, il rétablit en France sous des conditions irritantes et sévères une Société si dangereuse, rien n'a pu arrêter depuis ce temps le cours de la doctrine régicide dans ladite Société ; que les droits de l'épiscopat ont été longtemps combattus et méprisés par ladite Société, malgré les réclamations si souvent réitérées du Clergé de France, et que les intervalles de soumission apparente ne les garantiroient pas de nouvelles attaques de la part d'un Institut dont la nature leur est si essentiellement opposée, et de la part d'adversaires qui font profession par leurs propres Constitutions de suspendre seulement tout ce qui pourroit ne pas convenir au temps, aux lieux et aux circonstances, que presque tous les corps de l'État ont été successivement détruits ou affaiblis, les Universités combattues, presque anéanties ou forcées de recevoir les soy-disans Jésuites dans leur sein, ou réduites souvent à de fâcheuses extrémités.

En conséquence la Cour reçoit l'appel comme d'abus, dit qu'il y a abus dans lesdits vœux et serments [des Jésuites]... les déclare non valablement admis, ordonne que ceux des membres de ladite

L'ÉCLIPSE JÉSUITIQUE

CARICATURE CONTEMPORAINE, QUI FAIT ALLUSION A LA COINCIDENCE
D'UNE ECLIPSE DE SOLEIL ET DE L'EXPULSION DES JÉSUITES

Société qui auront atteint l'âge de trente-trois ans accomplis, au jour du présent Arrêt, ne pourront en aucun cas et sous quelque prétexte que ce soit prétendre à aucunes successions échues ou à écheoir,... ordonne que tant ledit Institut, que ladite Société et Collége seront et demeureront exclus du royaume irrévocablement et sans aucun retour, sous quelque prétexte, dénomination, ou forme que ce puisse être, entendant laditte Cour garder et observer à perpétuité les dispositions du présent Arrêt, en tout ce qui concerne l'exclusion définitive et absolue desdits Institut et Société du Royaume, comme un monument de sa fidélité à la religion et au Roi, et comme une maxime inviolable, dont elle ne pourroit jamais se départir sans manquer à son serment et aux devoirs que lui imposent la sûreté de la personne sacrée des Rois, l'intérêt des bonnes mœurs, celui de l'enseignement public et de la discipline de l'Église, le maintien du bon ordre et de la tranquillité publique ; à l'effet de

Enjoint notre ditte Cour à tous et chacun des membres de ladite Société de vider toutes les maisons, colléges, séminaires, maisons professes, noviciats, résidences, missions, ou autres établissements de ladite Société qu'ils occupent... dans la huitaine de la signification du présent Arrêt..., et de se retirer en tel endroit du Royaume que bon leur semblera, autres néanmoins que dans les colléges et séminaires, ou autres maisons destinées pour l'éducation de la jeunesse, si ce n'est qu'ils y entrassent à titre d'étudians, ou ou pour le temps nécessaire pour prendre les ordres dans lesdits séminaires ; leur enjoint de vivre dans l'obéisssance au Roi, et sous l'autorité des Ordinaires; sans pouvoir se réunir en Société entre eux, sous quelque prétexte que ce puisse être ; leur fait très expresses inhibitions et défenses, et à tous autres, d'observer à l'avenir lesdits Institut et Constitutions déclarées abusives, de vivre en commun ou séparément sous leur empire, ou sous toute autre règle que celles des Ordres dûment autorisés et régulièrement reçus dans le royaume, de porter l'habit usité en ladite Société, d'obéir au général ou aux supérieurs d'icelle, ou à autres personnes par eux préposées, de communiquer, ou entretenir aucune correspondance directe ou indirecte avec lesdits général ou supérieurs, ou avec personnes par eux préposées, ni avec aucuns membres de ladite Société, résidans en pays étrangers, de faire à l'avenir les vœux dudit Institut, s'aggréger ou affilier, dedans ou dehors le Royaume, audit Institut à tels titres ou par tels vœux et serments que ce puisse être.

Ordonne que tous... de ladite Société, qui se trouvoient dans les maisons et établissements d'icelle Société au 6 août 1761 ne pourront remplir des grades dans aucune des Universités du ressort, posséder des canonicats, ni des bénéfices à charge d'âme,... ou enseignement public, offices de judicature ou municipaux, ni généralement remplir aucunes fonctions publiques, qu'ils n'aient préalablement prêté serment d'être bons et fidèles sujets et serviteurs du Roi, de tenir et professer les libertés de l'Église gallicane et les quatre articles du Clergé de France contenus en la Déclaration de 1682 ; d'observer les canons reçus et les maximes du Royaume, de n'entretenir aucune correspondance directe ni indirecte, par lettres, ou par personnes interposées ou autrement, en quelque forme et manière que ce puisse être, avec le général, le régime et les supérieurs de ladite Société, ou autres personnes par eux préposées, ni avec aucun membre de ladite Société, résidant en pays étrangers ; en toute occasion la morale pernicieuse contenue dans les *Extraits des assertions* déposés au greffe de la Cour, notamment en tout ce qui concerne la sûreté de la personne des Rois et l'indépendance de leur couronne, et en tout de se conformer aux dispositions du présent Arrêt notamment de ne point vivre désormais. à quelque titre et sous quelque dénomination que ce puisse être, sous l'empire desdites Constitutions et Instituts.

Tous les jésuites qui ne voulurent pas prêter ce serment furent bannis du royaume (9 mars 1764).

III. *DANS LES PROVINCES.*

Les Parlements de province imitèrent celui de Paris, et l'ordre des Jésuites fut partout l'objet des mêmes interdictions. En général, ces procès n'entraînèrent pas d'incidents notables.

A RENNES

Il en fut ainsi à Rennes, contrairement à une opinion répandue. Le Parlement de Bretagne n'incrimina la Compagnie qu'au mois d'août 1761 ; le procureur général La Chalotais, chargé de rendre compte à la Cour des constitutions des jésuites, hésita beaucoup avant de rédiger son mémoire. A deux reprises, il s'enquit à Versailles pour s'assurer qu'en requérant contre les jésuites il ne compromettrait pas sa carrière. Encore, quand il eût reçu toute garantie à cet égard, ne poussa-t-il pas les choses à l'extrême ; et, s'il critiqua les statuts de la Société comme étant l'expression du fanatisme et de l'ambition, il s'appliqua à décharger les membres de l'ordre de toute responsabilité individuelle dans les erreurs collectives.

Je crois devoir avancer, parce que je crois pouvoir le prouver, que la constitution et le régime des jésuites sont en dernière analyse l'enthousiasme et le fanatisme réduits en règle et en principes. Je dis que les fondements sur lesquels est appuyé le régime, les moyens dont il se sert, la base du gouvernement extérieur et intérieur ne peuvent malheureusement être regardés que comme un fanatisme.

Je déclare... que loin d'accuser de fanatisme l'ordre entier des jésuites, c'est-à-dire tous les membres, je les disculpe presque tous. Il serait injuste de rendre responsables des vices qui se trouvent dans des lois ceux qui ne les ont pas faites, qui s'y sont soumis sans les connaître, et qui ne doivent en être instruits que quand il leur est presque impossible d'en secouer le joug. A Dieu ne plaise que j'accuse tous les membres d'un corps chrétien... d'avoir fait une conspiration pour... détruire [le christianisme] et pour renverser la morale évangélique... Je ne croirai point que des religieux attachés à l'Évangile par devoir, à la Patrie par les liens de la naissance, puissent oublier tout à coup les sentiments de religion, de vertu et d'humanité, incompatibles avec le fanatisme...

J'accuse cet esprit de corps aussi souvent nuisible qu'utile, cette violence faite à la liberté des consciences et des esprits, pour amener tous ceux qui portent le même habit à embrasser les mêmes sentiments, cette prévention outrée pour les docteurs de son ordre qui ne permet pas de s'écarter de leurs opinions. J'accuse la superstition et l'ignorance, un régime ambitieux et despotique, le fanatisme enfin qui cause tant de maux dans les États et dont nous ne pouvons nous vanter d'être entièrement guéris[1].

Lorsqu'il s'agit de juger au fond, il fit un second *Compte rendu,* plus sévère, mais où l'on retrouve encore des traces d'indulgence. Les amis des Jésuites leurs élèves, clergé, nobles, cherchèrent à dresser les États en face du Parlement; ils n'y parvinrent pas; mais les arrêts rendus ne furent pas exécutés à la lettre; et, selon Bachaumont, la Bretagne devint l'asile des Jésuites expulsés des autres provinces. A Rouen, le ton fut particulièrement violent, et les jésuites essayèrent — en vain — de résister en provoquant parmi les facultés de théologie, le clergé, le peuple, un mouvement de protestation.

1. *La Chalotais,* 1er Compte rendu, 50-51.

LA CONDAMNATION DES JÉSUITES

A AIX

Cependant parfois il y eut des incidents assez graves. Par exemple en Provence. L'ordre se trouvait là dans des circonstances particulièrement précaires, puisqu'il n'avait pas de titres réguliers d'établissement, et la majorité du Parlement se hâta sur les réquisitions de Montclar de profiter de la situation pour frapper les Jésuites. Mais ceux-ci avaient parmi les magistrats un grand nombre de défenseurs et même plusieurs affiliés. L'arrêt de suspension fut rendu seulement par 24 voix contre 22 ; et, pour être sûrs de la sentence définitive, la majorité et les gens du roi récusèrent comme suspects dix conseillers, ce qui réduisit l'opposition à 12 voix. Puis, une fois le jugement rendu, commença une sorte de guerre civile. Les ennemis des Jésuites intentèrent un procès pour forfaiture et prévarication à leurs principaux adversaires qui, de leur côté, firent scission, constituèrent un Parlement à part, et cassèrent les arrêts précédemment intervenus. Le roi ne les soutint pas, et ils payèrent leur audace, l'un, le président d'Éguilles, du bannissement hors du royaume, les autres de l'expulsion des rangs de la Cour et de la confiscation des charges. Des incidents pareils provoquèrent à Toulouse une rupture définitive entre le premier président Bastard et les magistrats.

LA FIN DE L'ORDRE

Ces mesures ne suffisaient pas aux Parlements. Pour que la victoire fût complète, il fallait que le roi la consacrât. En mars 1763, le Parlement de Rouen supplie le souverain « de procurer l'extinction totale, par toute la chrétienté, d'une Société pernicieuse, qui ne serait pas suffisamment détruite, si elle ne l'était par toute la terre ». Louis XV leur donna d'abord une satisfaction partielle. En novembre 1764, il prononça l'abolition de l'ordre, tout en permettant aux jésuites de vivre en paix sous la juridiction de l'ordinaire, et en éteignant les procédures en cours. Les Parlements prirent aussitôt des mesures pour empêcher la congrégation dissoute de se reformer clandestinement, et souvent leurs arrêts inaugurèrent un véritable régime des suspects. Dans les ressorts de Paris et de Rouen, les anciens religieux ne purent vivre à deux sous le même toit, ni enseigner, même l'instruction religieuse. Ils durent se retirer dans le lieu de leur naissance ou l'endroit qu'habitait leur famille. S'ils avaient plus de 33 ans, ils recevaient une pension viagère, mais ne pouvaient la toucher qu'après avoir juré fidélité au roi et aux maximes de 1682, haine à la morale de leur ancien Institut.

La condamnation des Jésuites provoqua une recrudescence de haines et de rancunes rétrospectives à l'égard de la Société dissoute. Si certains esprits critiques signalèrent dès ce moment qu'il était injuste de présenter le *Recueil des assertions,* compilation vieillie, mal faite, et par endroits désavouée par eux, comme le *Code moral* des Jésuites, et de condamner leur morale sur la foi de cette preuve douteuse, si d'autres s'étonnèrent ou s'indignèrent de la rigueur excessive déployée par les Parlements, l'opinion publique applaudit à la sentence, et le nom même de jésuite devint odieux. Aussi en 1767 deux édits intervinrent-ils : l'un du 10 janvier ordonna un silence général sur toutes les matières religieuses ; l'autre du 9 mai bannit purement et simplement les jésuites du royaume.

On sait que les malheurs de l'ordre ne s'arrêtèrent point là, et que la papauté, après avoir semblé prête à les défendre énergiquement, céda à son tour à la force des circonstances et supprima, comme inutile, la Société de Jésus par le bref *Dominicus ac Redemptor* (21 juillet 1773).

BIBLIOGRAPHIE. — La Chalotais, *Compte rendu des Constitutions*, nouv. éd., 1762, in-12, et *Second compte rendu, id.* ; Abbé Georgel, *Mémoires pour servir à l'histoire... de la fin du XVIII° siècle*, t. I, Paris, 1817, in-8 ; Miromesnil, *Correspondance*, publiée par Le Verdier, t. II, Rouen et Paris, op. cit. ; La Roche Monteix, *Le P. Antoine La Valette à la Martinique*, Paris, 1907, in-8 ; Crétineau-Joly, *Histoire de la Compagnie de Jésus*, t. IV, Paris, 1856, in-8 ; Saint-Priest, *Histoire de la chute des Jésuites en France.* Paris, 1844, in-8.

CHAPITRE VI
LA RÉVOLTE DES PARLEMENTS

L'abandon, que la royauté consent des Jésuites, prouve sa faiblesse.
Les Parlements, qui connaissent cette faiblesse, accentuent leur résistance. Les circonstances leur sont propices. Les défaites ont discrédité
le gouvernement ; les peuples sont irrités par les nouveaux impôts : le
pouvoir, à court d'argent, est incapable d'une politique ferme et éner-
gique. Aussi des conflits très graves éclatent-ils, surtout à propos des
mesures fiscales, qui parfois atteignent les intérêts des parlementaires
plus que ceux du commun. Voici les principaux de ces conflits.

I. L'OPPOSITION EN 1760.

La demande, en 1759 et en 1760, de nouvelles ressources se heurte à
une résistance assez vive dans tous les Parlements : aucun ne fait une
opposition aussi forte que celui de Rouen, qui réclame la convocation
des anciens États de Normandie.

ROUEN DEMANDE DES ÉTATS

Tant qu'a duré en France la tenue des États, le peuple, admis,
par ses députés, à l'estimation des besoins publics, en a connu la
nature, et l'étendue de ses forces : il a su mesurer et régler les con-
tributions. Elles suffisaient même aux besoins extraordinaires sans
diminuer l'aisance des particuliers ; le gouvernement florissait ainsi
que le citoyen : le sujet payait plus volontiers ce qu'il payait sans
effort. Fatigué de demander sans cesse, et d'annoncer sans cesse
des besoins ; indifférent à la légalité pourvu qu'on en recueillit les

effets ; jaloux, peut-être, que rien ne fût légal, pour que tout pût être arbitraire, on a renversé l'ordre et perçu sans demander ; on a éludé, méprisé ces formes antiques et vénérables, conservatrices du bien-être de l'État et de la liberté légitime de ses membres ; on a franchi ces barrières sacrées, monument auguste de notre première existence. Depuis que la tenue des États n'a plus existé que dans le vœu de la loi, l'intérêt privé s'est emparé de tout ; on a, sous prétexte d'accélérer les affaires, supposé le vœu de la nation sans la consulter, sans l'interroger, sans même la pressentir. Vous êtes également, Sire, le père de tous vos peuples ; ils ont tous à ce titre, un droit égal à votre protection royale ; cependant les uns fournissent aux besoins de l'État par une répartition qu'ils font eux-mêmes ; les autres sont la proie des traitants et les victimes de la tyrannie des préposés. Pourquoi, ayant un même père, ont-ils un sort si différent ?

Rendez-nous, Sire, notre liberté précieuse, rendez-nous nos États. Il est de l'essence d'une loi d'être acceptée ; le droit d'accepter est le droit de la nation ; ce droit, vainqueur du temps et des préjugés, subsiste encore, malgré les efforts conjurés des passions intéressées à l'anéantir. Ce droit subsiste, et V. M. le reconnaît, en adressant des édits aux magistrats, qui peuvent suppléer la nation, en les vérifiant. Exercé pendant l'interstice des États par ceux que la nation regarde comme dépositaires de la législation, ce droit sacré et imprescriptible ne saurait l'être que par eux [1].

LE REFUS D'ENREGISTREMENT

Ces remontrances n'ayant pas été suivies d'effet, et le roi ayant ordonné de lever les impôts non encore enregistrés, le Parlement accentue sa résistance ; il qualifie ces levées d' « exactions », de « malversations », blâme le procureur général qui n'a pas prescrit d'information à leur encontre, fait

Très expresses défenses à toutes personnes, de quelque qualité et conditions qu'elles fussent, de faire aucune imposition ni levée de deniers, sous prétexte de corvée ou d'abonnement tacite, sans être autorisés par édits... dûment vérifiés. »

et il charge deux conseillers

D'informer des levées de deniers indûment faites et de tous les abus commis dans la généralité de Rouen [2].

1. *Floquet*, op. cit., VI, 370.
2. *Id.*, 373-374.

Le roi fait casser l'arrêt par son Conseil ; le Parlement refuse de s'incliner, sous prétexte que la volonté royale n'a pas été communiquée, selon l'usage, par des lettres patentes. La cour envoie le duc de Luxembourg pour biffer sur le registre les arrêts irrespectueux : et la formalité s'accomplit avec tous les incidents traditionnels : refus du Parlement de délibérer en présence du haut commissaire ; refus de celui-ci de quitter la place ; retraite des magistrats ; présentation au premier président, au procureur et au greffier de lettres de cachet pour les obliger à rester ; enfin, en leur présence, exécution des ordres du roi. Le Parlement ayant protesté contre cet acte d'autorité, le gouvernement mande une députation à Versailles, où Louis XV lui fait un accueil sévère et termine l'audience par ces mots : « Je suis votre maître... retournez à Rouen, enregistrez mes édits sans délai, je veux être obéi. » Mais les magistrats ne veulent pas obéir ; ils décident de nouvelles remontrances, restent assemblés ; il faut une seconde expédition du duc d'Harcourt pour faire enfin enregistrer l'édit ; encore le Parlement ne renonce-t-il point à son attitude ; et le chancelier Lamoignon lui ayant reproché ses prétentions inadmissibles, il proteste contre sa lettre conçue « en termes inouis... contre la raison et contre la loi » et réplique ainsi qu'il suit.

« Sans doute, Sire, vous êtes la source des lois ; mais on ôte à ces lois toute leur stabilité en les rendant révocables au moindre commandement : on donne au commandement la force de suspendre toutes les lois ; et on refuse aux lois les plus saintes la force de suspendre l'abus du commandement. On affecte de dissimuler qu'il est un ordre particulier de lois qui garantissent la sagesse et la stabilité des autres, qui président à leur naissance, qui gardent le législateur lui-même contre les surprises qui lui seraient faites contre les méprises de sa propre volonté, lois fondamentales qui sont le droit de la nation, et le principe de la royauté ; qui conservent le domaine, la couronne, l'autorité, la personne du souverain [1].

II. *LE CONFLIT DE 1763.*

En 1763, le conflit est plus général et plus aigu. La conclusion de la paix avait fait espérer l'abrogation des nouveaux impôts : la déception fut grande de les voir prorogés, et les Parlements se dressèrent pour la résistance. Celle-ci se manifesta selon les formes accoutumées, et donna lieu aux incidents ordinaires. C'est Paris qui est le plus intéressant à étudier, parce qu'il est le centre du mouvement, et puis à cause du contenu plus riche de ses remontrances.

1. *Id.*, 508.

LES REMONTRANCES DU 19 MAI

Celles qui furent décidées le 19 mai comportaient 36 articles : en voici les principaux (F., II, 324-329).

1. ... Son Parlement voit avec la plus sensible douleur l'accumulation des dettes de l'État, dont il ne connaît la masse que par l'excès des impositions...

2. ... Il faudrait que cette masse... eût fait dans les derniers temps un progrès presque inconcevable puisque..., en 1737, les revenus ordinaires suffisaient aux dépenses, et que, maintenant les revenus ordinaires nonobstant l'accroissement considérable qu'ils ont reçus... ne peuvent suffire à la dépense.

3. ... S'il fallait encore supporter les impositions annoncées..., quel serait donc le terme des impositions, quelles seraient les ressources de l'État, s'il survenait de nouvelles guerres ?

6. ... Son Parlement le supplie très humblement de se faire représenter les états des dépenses ordinaires et de les faire comparer avec les états anciens des mêmes départements dans le temps de paix.. : souvent ceux qui sont chargés des divers départements croient répondre à la confiance dont ils sont honorés en procurant à leur département un ressort et un éclat qu'on cherche plutôt dans la dépense que dans la chose même.

10. ... Les frais dans la conservation et vente de ses forêts en absorbent le produit... ; l'étrange multiplication des différents genres d'impositions... donne lieu à une régie tellement diversifiée qu'il faut pour la faire valoir une armée de commis et d'employés levés contre les sujets dudit seigneur roi et soudoyés par eux...

17. ... Il est dès à présent un moyen... de remédier à l'arbitraire dans la répartition des impositions, en ramenant tout sous la juridiction des tribunaux réguliers et en ordonnant de déposer dans leurs greffes les différents rôles d'imposition, afin qu'ils puissent connaître de la réclamation, juger de la justice des cotisations...

23. ... Il ne faut que jeter les yeux sur l'état universel, non de la capitale, mais des provinces du royaume, non du petit nombre de citoyens qui trouvent l'opulence ou dans la faveur particulière d'un patrimoine peu commun, ou dans la formation ténébreuse d'une fortune invisible à l'État et qui sait échapper aux charges générales, ou enfin dans le maniement même des dépouilles de leurs concitoyens, mais de cultivateurs laborieux, il ne faut que comparer des époques peu reculées avec le temps présent, paroisse par paroisse,

pour reconnaître de toutes parts le dépérissement du royaume, la diminution sensible du nombre de ses habitants, celle de la culture, la désertion qui laisse en friche une partie de la France, l'accroissement de la mendicité, le découragement répandu sur les travaux de la campagne, la frayeur qu'inspire dans l'esprit des cultivateurs l'idée seule d'amélioration de leur terre ; que tous ces traits... démontrent l'impossibilité de la perception d'un... second vingtième.

LES REMONTRANCES DU 24 JUIN

Le roi répondit à ces remontrances par le lit de justice du 31 mai où les édits fiscaux furent enregistrés ; mais le Parlement se hâta de protester et rédigea de nouvelles remontrances. Avant de critiquer à nouveau la politique financière du gouvernement, il s'éleva avec force contre le principe même des lits de justice (F., II, 346).

Ainsi dégénère en pure formalité et en vain appareil l'acte le plus auguste de l'autorité souveraine, la solennité sacramentelle de la législation française, la coopération... de tous les Grands du royaume et de tous les ministres des lois à la confection et à la publication, promulgation des lois nouvelles ; ainsi devient illusoire. chancelant, arbitraire, l'ordre législatif entier avec la loi fondamentale et tutélaire de toutes les autres lois... Sire,... vous ne souffrirez pas que votre règne transmette à la postérité par la force des faits ces maximes étranges qu'on n'oserait jamais hasarder en principe ; ou que des impôts peuvent être légitimement levés sans loi qui les autorise, maxime contraire au droit naturel, ou que leur titre constitutif peut faire loi sans vérification au Parlement, maxime contraire à l'ordre fondamental de la législation française..., ou que la vérification peut se faire sans délibération réelle du Parlement, et se réduire à une simple publication, maxime que la raison désavoue...

LA CONSTITUTION SELON LES PARLEMENTS

Les Parlements, tout en se déclarant respectueux des prérogatives illimitées de la monarchie, étaient donc amenés à combattre l'exercice illimité de ces prérogatives ; ils en venaient à opposer la raison, le droit naturel, au dogme de l'absolutisme ; ils supposaient une sorte de constitution analogue au Contrat social de Locke, acceptée tacitement par le souverain dans l'intérêt de tous, et contre laquelle rien ne pouvait prévaloir. Le Parlement de Rouen qui refuse d'enregistrer, et contre lequel le duc d'Harcourt est obligé de faire à nouveau campagne, le dit nettement.

(81)

« Par les lois constitutives de la monarchie, le droit de délibérer librement sur tous édits étant inséparablement attaché à l'essence du Parlement, ces lois elles-mêmes prononcent expressément la nullité de tout ce qui vient d'être fait ; et la Cour, à qui les ORDONNANCES, vrais commandements du roi, imposaient la nécessité absolue de n'obtempérer à aucune des lettres closes qui lui ont été présentées, n'aurait pu, sans manquer à son serment, donner le moindre signe d'approbation, même par sa seule présence à la transcription faite sur ses registres [1]. »

LA FAIBLESSE ROYALE

L'on comprend la colère du roi et de ses conseillers en lisant le texte de tous ces factums. Ils ne la dissimulent pas toujours : Lamoignon écrit aux gens de Rouen.

Depuis quand des magistrats se sont-ils crus en droit d'examiner la conduite du roi, de jeter des regards inquiets sur son administration, et de s'expliquer de manière à faire entendre qu'à certains égards et dans des circonstances délicates, il doit lui en rendre compte [2] ?

Il exprime à la même compagnie son « indignation » pour l'excès d'oubli et d'égarement auquel elle se porte, il la menace de « la punition la plus éclatante », et, en effet, une députation mandée à Versailles est reléguée à Villepreux et à Neauphle, endroits perdus fréquentés seulement par des rouliers, et où les pauvres magistrats vivent dans des auberges, en attendant qu'un concierge, gagné par la compassion ou autrement, leur offre une hospitalité précaire dans un château inoccupé. Mais ce sont des gestes et qui sont vains. A Paris même, le roi se montre plus doux : il répète qu'il veut croire aux bonnes intentions du Parlement, et le 21 novembre 1763, c'est la retraite : une nouvelle déclaration qui retire la précédente annule les enregistrements forcés, donne satisfaction aux plaintes sur plusieurs points importants. En outre les exilés sont rappelés, les Cours invitées à reprendre leur service. Aussi les magistrats, fiers de leur succès, ne se pressent-ils pas d'obéir. Douai, Aix enregistrent la nouvelle déclaration, l'un après avoir décidé des remontrances, l'autre avec force réserves. Bordeaux cède plus vite, mais a de lui-même biffé les enregistrements d'autorité et ne reprend ses audiences que lorsqu'il lui plait, en février. Paris, et plus tard Rouen affectent de ne voir dans l'acte du souverain qu'un moyen de soustraire à la justice les officiers coupables d'actes arbitraires. C'est partout le désordre et l'anarchie.

<hr>

1. *Floquet*, op. cit., VI, 540.
2. Id., 542.

LA POPULARITÉ DES PARLEMENTS

Comment d'ailleurs les Parlements n'abuseraient-ils pas de leur victoire, quand, voyant le roi faiblir devant eux, ils ont en outre sous les yeux le spectacle de leur popularité. Lorsque celui de Rouen reprend ses fonctions, en mars 1764, on illumine 8 jours de suite dans la ville. Les gens du Roi, la Cour des comptes, les avocats viennent le féliciter ; les oratoriens, les capucins, l'Université de Caen le complimentent en vers latins. Des délégations de tous les corps de marchands viennent en carrosse lui exprimer leur joie : notamment six poissardes qui entrent résolument dans la Grand'Chambre, et dont l'une dit :

« Pardonnez l'importunance de notre démarche. Je vous revoyons, nos chers Seigneurs ; çà fait notre bonheur. Si je le cédons en politesse aux autres corps de c'te ville, je ne le cédons à personne en fidélité et en amour[1]. »

A Dijon, les fêtes sont plus belles encore.

Le 1ᵉʳ de ce mois, le Parlement rentra après 13 mois de discession. On fit chanter la messe rouge à la Sainte-Chapelle, où 56 membres du Parlement se trouvèrent et près de 90 avocats. On tira des salves de boîte à l'entrée et à la sortie de la Sainte-Chapelle, et on entra à la Grand'Chambre où les avocats prêtèrent serment. Les écoliers des Jésuites reconduisirent tous les présidents en criant vivat. Les boutiques furent fermées toute la journée, et le soir il y eut des illuminations, des feux de joie, tambours, et hautbois et des repas dans bien des rues. Le 5 des comédiens donnèrent la comédie gratis, pour témoigner leur joie de la rentrée du Parlement. Le dimanche 6, le geolier de la grande prison se fit trainer dans un cabriolet orné de guirlandes et précédé d'un tambour, d'un fifre et de quelques gens à cheval. Avec ce cortège, il alla d'abord chez M. le Premier Président et ensuite chez les autres présidents et chez les conseillers. On criait : Vivat le Parlement, et une bonne partie de ces messieurs fit jeter de l'argent au peuple. Le soir, il y eut illumination et feux de joie dans presque toutes les rues. Il y avait 7 à 8 loges construites, la plupart fort élégamment décorées avec des emblèmes et des devises relatifs aux circonstances présentes. Le 7, les chevaliers de l'Arquebuse firent un soupénique qui fut suivi d'un bal. Le 8 et le 9 les rôtisseurs et les tonneliers firent chanter une messe d'actions de grâces suivie d'un Te Deum et le soir, illuminèrent le devant de leurs maisons. Le 10, il y eut un char de triomphe fort galamment orné dans lequel

1. *Floquet,* op. cit., VI, 388.

étaient 24 enfants de l'un et l'autre sexe, habillés en bergers et bergères, tous jolis enfants et très proprement ajustés. Le char était précédé par une vingtaine de cavaliers en habit rouge, et l'épée à la main, ayant à leur tête un trompette et un tymbalier. Le derrière du char était orné d'un tableau, où était représenté un pélican qui se saignait pour sustenter ses petits et au bas on lisait ces paroles : « Je vous nourrirai tous du plus pur de mon sang ». Aussitôt qu'ils aperçurent M. le Premier Président, ils lui présentèrent une couronne de lauriers et ils crièrent : Vivat ! Il voulut leur donner de l'argent ; mais ils refusèrent en sorte que M. de la Marche donna un ordre qu'on leur distribuât une grande quantité de bonbons ; et aussitôt que ces enfants eurent ces bonbons, ils les jetèrent au peuple à poignée, ce qui leur fit beaucoup d'honneur [1]... »

III. *L'AFFAIRE FITZ-JAMES.*

On comprend que dans ces conditions les Parlements oublient parfois toute mesure et s'attaquent non seulement au dogme, mais aux représentants de l'arbitraire royale. Tel est le cas de celui de Toulouse, dont le conflit avec le duc de Fitz-James est célèbre. Comme tous les autres, il avait refusé d'enregistrer les édits et protesté contre leur enregistrement forcé. Même il avait décidé au mépris des usages de proroger ses séances au delà du terme normal. Cette décision, qui empêchait le gouvernement de mettre à profit les vacances pour faire exécuter les édits bursaux, fut cassée par des arrêts du Conseil que le gouverneur du Languedoc, Fitz-James, fit transcrire au milieu d'un grand appareil de force.

LES PROCÉDÉS DE FITZ-JAMES

Le 13 de ce mois, à 2 heures de l'après-midi, les troupes vinrent tambour battant et se rangèrent en ordre de bataille devant la porte du palais... : à 3 heures.... 2 compagnies de grenadiers furent détachées de la troupe et se saisirent de la place du Palais, la bayonnette au bout du fusil et la hache en bandoulière. A 4 heures.., les gardes de M. le Duc, au nombre de 12, vêtus de jaune, chamarrés de galon d'argent, ayant chacun son fusil et sa bandoulière.., s'emparèrent des montées du perron du côté des prisons de la Conciergerie ; à 5 heures.., toutes les Chambres assemblées, les huissiers de la Cour étant dans le vestibule attendaient l'arrivée de M.

1. *Relation de ce qui s'est passé à Dijon, pour le retour du Parlement.*

le Duc, qui vint enfin à 5 heures 1/2 et entra dans la Grand'
Chambre où toute la Cour assemblée lui demanda de quel ordre il
venait, à quoi ayant répondu que c'était de la part du Roi pour
faire enregistrer ses édits, la Cour ayant voulu les voir, et M. le
Duc les ayant exhibés, il ordonna d'enregistrer. La Cour ayant
fait les protestations à ce contraires se retira vers les 6 heures du
soir... L'enregistrement se fit à 8 heures de la nuit par M. le Duc,
le reste du temps jusqu'au lendemain s'étant passé en allées et ve-
nues, pourparlers et protestations, les troupes étant toujours postées
aux mêmes lieux [1].

Il ne s'en tint pas là ; considérant les magistrats comme des rebelles,
et d'ailleurs irrité contre eux par suite de querelles d'étiquette et de
froissements d'amour-propre, il les retint aux arrêts chez eux, leur re-
fusant même le droit de sortir pour aller à l'office. Le gouvernement
ne désavoua point le duc ; mais ces rigueurs ne furent pas durables. La
rentrée de la Saint-Martin, le désir de la cour d'arriver à l'accord, la
détresse financière, toutes ces raisons eurent pour effet de faire rendre
en décembre la liberté aux prisonniers, dont la colère se manifesta
aussitôt par deux arrêts.

LES ARRÊTS DU PARLEMENT

Le premier (9 décembre) proclame la supériorité du droit du Parlement sur celui de Fitz-James et est conçu en ces termes :

... Sans s'arrêter auxdits prétendus arrêts du Conseil, déclare
lesdites radiations... nulles, violentes, attentatoires à l'autorité dudit seigneur Roi, destructives du respect dû à sa justice souveraine
séante essentiellement en son Parlement, en ce qu'elles violent le
dépôt sacré de ses registres ; et ordonne que les susdits procès-ver-
baux faits par le dit duc de Fitz-James les 15 et 16 septembre seront rayés et biffés par le greffier de la Cour, et que sesdits arrêts
et arrêtés seront rétablis en leur entier sur ses registres, et quant
aux imputations calomnieuses, et aux erreurs de droit et de fait
contenues aux susdits prétendus arrêts du conseil, ainsi qu'aux
affiches multipliées qui ont été faites d'iceux... pour diffamer et rendre suspect... son zèle..., a arrêté qu'il sera particulièrement insisté
sur les dits objets dans les remontrances délibérées le 15 dudit mois
de septembre dernier [2].

De plus le Parlement ordonnait que

<hr>

1. *Roschach*, H^{re} du Languedoc, 2266-2267.
2. *Idem*, 2259-60.

LES QUERELLES RELIGIEUSES ET PARLEMENTAIRES

En ce qui concerne les attentats et les violences inouïes exercées par ledit duc de F. James, il en sera incessamment dressé procès-verbal, pour y être statué ainsi qu'il appartiendra.

En effet, le 17 décembre, il rendait le décret d'ajournement suivant.

... Considérant les outrages multipliés et les violences inouïes dont le duc de Fitz-James s'est rendu coupable envers notre justice souveraine, par l'abus qu'il a fait de notre nom et de la force qu'il a en mains, notamment en ce qu'ayant investi de gens de guerre le sanctuaire des lois, il aurait menacé les ministres de notre justice, dans le temple même où notre Majesté réside habituellement, et qu'ajoutant l'artifice à la violence dans le désespoir de ne pas vaincre la fermeté et la fidélité de notre dite Cour, il aurait entrepris de sa seule autorité d'en écarter successivement tous les membres ; en ce que... il n'aurait pas craint de se rendre coupable du crime de lèse majesté au second chef, en faisant arrêter à main armée et par un attentat sans exemple, tous les officiers de notre dite Cour, et que, pour assurer une exécution forcée à des ordres illégitimes, il aurait exercé envers eux des vexations incroyables dont le seul récit effraye l'humanité, et dont le souvenir sera éternellement odieux à la nation ; tandis que, par des précautions indiscrètes, plus capables de solliciter le trouble que de le prévenir, il aurait cherché à réaliser, de la part du peuple le plus soumis et le plus fidèle, le vain fantôme d'une révolte toujours effrayante pour des magistrats lors même qu'elle n'est point à craindre ; en ce que parvenu aux derniers excès de l'audace et du délire, oubliant la qualité de sujet, il aurait osé parler en souverain aux membres de notre dite Cour, mettre à leur liberté des conditions insensées, et combler enfin tous ces attentats en exigeant des magistrats fidèles, comme une assurance non équivoque de soumission à notre personne, l'acceptation du traité honteux qu'il proposait ;

Considérant en outre notre dite Cour la nécessité de venger le temps présent, et de rassurer les siècles futurs par un exemple mémorable qui satisfasse à la fois à l'honneur du trône, à notre gloire, à l'autorité des lois, et à la sûreté de la magistrature, à la liberté publique et à la dignité de notre dite Cour, atrocement outragée par un de ses membres :

Ordonne, notre dite Cour que, ledit duc de Fitz-James sera pris et saisi au corps..., conduit et amené sous bonne et sûre garde dans les prisons de la Conciergerie de notre Cour, que il en sera enquis à la diligence de notre procureur général par devant MM. de Cambon et Montgazin..., et attendu que notre Cour de Parlement séant à Paris est éminemment la Cour des Pairs, a ordonné et ordonne que copies collationnées... seront incessamment envoyées au greffe de la dite Cour, et que le duc de Fitz-James, si appréhendé peut être, sera transféré aux prisons d'icelle pour le procès lui être fait et parfait suivant la rigueur des ordonnances [1].

L'INTERVENTION DE LA COUR DE PARIS

Le Parlement de Paris s'était déjà saisi de l'affaire. Les pairs, peut-être sur la demande de Fitz-James, portèrent la cause devant lui, lui demandant de proclamer l'incompétence de la Cour de Toulouse. Mais le roi refusa de laisser mettre le duc en jugement, et déclara que le gouverneur « n'avait fait qu'exécuter les ordres donnés ; ainsi il ne doit être recherché ni inquiété sur tout ce qui s'est passé ». Le Parlement décida aussitôt des remontrances qui furent présentées le 18 janvier 1764. Quelques passages en montreront le ton (F., II, 425 et sq.).

Il était réservé à nos jours de voir des sujets se placer entre le Roi et les ministres de sa justice souveraine, ceindre, pour ainsi dire, le bandeau royal, s'approprier la puissance du monarque, régner enfin sur les peuples étonnés... Le duc de Fitz-James s'est fait un plan de tyranniser les peuples... ; s'il eût pensé en citoyen..., il eût supplié V. M. de réserver les preuves de son obéissance pour les occasions où il aurait pu mériter l'estime de ses compatriotes...

Puis le Parlement revient à ses théories ordinaires qui deviennent plus amples et plus systématiques (*ibid.*, 429).

Le caractère essentiel de ce gouvernement [monarchique] est de rendre invariable, perpétuelle et inaltérable la puissance du monarque..., et de procurer la même stabilité au bonheur des sujets par la conservation de leur liberté, de leur honneur et de leurs droits ; ces précieux avantages... prennent leur source dans les lois qui règlent les droits respectifs du souverain et des peuples ; de ces lois, les unes sont immuables, les autres peuvent être changées pourvu que ce changement n'altère point les premières. La première de toutes les lois immuables est que les sujets doivent au souverain une entière obéissance... et que le monarque doit à ses sujets la protection... et la conservation de leurs droits...

De ces deux obligations respectives dérivent deux rapports d'au-

1. Roschach, op. cit., 2261-63.

torité et d'obéissance, l'un à l'extérieur, l'autre dans l'intérieur du royaume, qui forment le gouvernement militaire et le gouvernement civil, dont l'exercice est entièrement différent et ne doit jamais être confondu... Le premier a pour objet de défendre ses sujets contre les attaques des ennemis de la nation : le pouvoir du souverain est à cet égard sans bornes.., l'obéissance aveugle est un devoir... Le gouvernement civil... se règle par des principes entièrement différents : son objet étant de maintenir les citoyens dans la jouissance des droits que la loi leur assure, c'est la loi qui commande... ; comme l'autorité doit être conforme à la loi, la force exécutive ne doit pas non plus s'en écarter : le commandement ne pouvant être arbitraire, l'obéissance ne pouvant être aveugle, l'un et l'autre doit être toujours réglé par la loi... L'exercice du gouvernement civil... mettant quelquefois en opposition les droits du souverain avec ceux des peuples, les occupations multipliées des souverains et leur équité ont exigé qu'ils le remissent entre les mains d'un ordre de citoyens chargés de rendre en leur acquit la justice aux sujets et de les maintenir dans la jouissance de leurs droits et de leur liberté légitime... ; en leur confiant ce dépôt, d'une part le souverain les a revêtus de son autorité pour faire respecter ses droits et les lois ; d'une autre part, il les a associés à l'obligation de veiller à la conservation des droits légitimes des peuples...

Le roi maintint sa décision première ; et une déclaration du 21 janvier vint prescrire un silence absolu sur tous ces faits ; mais le gouvernement faisait connaître en même temps que Fitz-James et avec lui d'autres officiers auxquels on reprochait les mêmes actes (par exemple Harcourt, Mesnil qui avait terrorisé Grenoble) ne seraient pas maintenus dans leurs commandements. Ils échappaient à la justice pour tomber dans la disgrâce. Il en coûtait cher d'avoir défendu les droits de la couronne.

BIBLIOGRAPHIE. — Dom Vaissète. *Histoire du Languedoc*, éd. Molinier et Roschach, t. XVII. Toulouse, 1878, in 4°; Miromesnil, *Correspondance politique et administrative*, op. cit.

CHAPITRE VII

LES AFFAIRES DE BRETAGNE
D'AIGUILLON ET LA CHALOTAIS

I. *LE CONFLIT BRETON.*

Le Parlement de Rennes, le plus particulariste de tous, ne s'était pas montré le plus intransigeant. Brusquement, en 1764, et dans les années suivantes, il changea d'attitude et fut le théâtre d'un incident extrèmement violent, la querelle de La Chalotais et du duc d'Aiguillon.

LE DUC D'AIGUILLON

Les raisons qui motivèrent ce revirement furent multiples : mécontentement provoqué par les impôts, influence des autres Cours, mais surtout animadversion des magistrats à l'égard du gouverneur de la province, le duc d'Aiguillon, grand seigneur qu'humiliait la faiblesse du gouvernement, et qui ne pardonnait pas à la classe détestée des robins sa toute-puissance du moment. Aux yeux du gouverneur, les États seuls pouvaient être consultés sur les questions administratives. Si le Parlement, simple tribunal, voulait se mettre en travers, une rigueur modérée, mais soutenue, en aurait vite raison. Il exposait, le 18 août 1764, en ces termes ses idées politiques à Laverdy [1] :

A Dieu ne plaise que je veuille vous engager à faire de ces coups d'autorité qui ne font qu'aigrir le mal, bien loin de le guérir. Personne n'en est plus éloigné que moi, et vous savez combien j'ai blâmé la dureté avec laquelle on agissait l'année dernière. Mais je pense que le gouvernement doit être ferme pour pouvoir faire le bien de l'État et tenir chacun à sa place. Je ne veux ni faire de

1. *Lemoy,* op. cit., 288.

lois, ni juger les procès ; mais je ne veux pas que le Parlement se mêle de l'administration qui, de tous temps, a été confiée aux États sous l'autorité du gouverneur de la province, et je demande que lorsqu'on calomnie le chef de cette administration, on le fasse taire avec le ton nécessaire pour être obéi.

Très soutenu à la cour par son parent Saint-Florentin et par Maupeou, il avait contre lui le contrôleur général, désireux d'obtenir à tout prix la levée des impôts. Mais Laverdy était faible ; aussi les excitations de d'Aiguillon déterminèrent-elles dans les conseils du roi un préjugé hostile au Parlement de Bretagne, et une disposition à le frapper sévèrement, dès que l'occasion s'en offrirait.

L'ORIGINE DU CONFLIT

Cette occasion survint en 1764 : le Parlement fit suivre l'enregistrement des édits bursaux d'un réquisitoire véhément contre la politique fiscale du gouvernement. Le contrôleur général, irrité, excité d'ailleurs par d'Aiguillon, fit mander à Versailles une députation à laquelle le roi tint des propos sévères. Colère des parlementaires qui s'imaginaient avoir, en enregistrant, donné des preuves d'une extrême condescendance. Ils prennent aussitôt l'arrêté suivant de *scission* à l'égard du duc d'Aiguillon, rendu responsable de l'affront, « ... Le Sr duc d'Aiguillon ne sera visité par aucun des membres de la Cour, à l'exception de ceux qui pourraient être obligés de se trouver chez lui, pour les affaires de S. M. ou pour leurs affaires particulières, auquel cas ils en informeront la Cour, chambres assemblées » ; puis ils rédigent des remontrances très énergiques, dont voici un extrait :

Sire, on vous assure que personne ne se plaint. Ne serait-il pas plus vrai que personne n'ose se plaindre ? Tous les particuliers sont dans la dépendance, leur voix est étouffée par la crainte. Il n'y a qu'un corps libre et toujours subsistant, tel que votre Parlement, qui puisse se faire entendre et porter au pied du trône le cri que la nation y porterait elle-même, si votre Parlement faisait une information juridique des faits dont il se plaint à V. M...

Nous ne pouvons Sire, vous le dissimuler. On travaille depuis longtemps à asservir une province libre sous votre heureux gouvernement. On ébranle les constitutions, on les renverse ; partout on met des entraves aux franchises et libertés que vous nous engagez vous même à conserver... Quel inconvénient y a-t-il que vos peuples sachent que votre Parlement, médiateur entre le souverain et ses sujets, sollicite en leur faveur des soulagements aux maux qui les accablent et le retour des franchises et libertés qui lui sont si chères... Loin de vous, Sire, loin du trône, ces hommes qui emploient de pareils moyens pour altérer la confiance que vous avez témoignée à votre Parlement, qui tendent à intercepter cette communication si naturelle du souverain avec les ministres essentiels des lois du royaume, qui veulent vous faire envisager la liberté légitime de vos sujets comme incompatible avec votre puissance souveraine [1].

LE CONFLIT

Tout pouvait s'arranger, et Laverdy, apaisé, travaillait à obtenir un accord. Mais Saint-Florentin et Maupeou réussirent à brouiller les cartes, et, le 12 septembre, trois magistrats des plus compromis furent exilés à Sens. Ces mesures de rigueur furent dépourvues d'effet. Au contraire, Laverdy ayant eu le tort d'ordonner la levée des nouveaux impôts avant d'avoir obtenu l'assentiment des États, ceux-ci envoyèrent leur procureur général déposer une plainte à la Chambre des Vacations (c'étaient les vacances) qui l'accueillit, et rendit un arrêt de défense contre la perception des taxes. Fureur du gouvernement qui déféra l'arrêt au Conseil d'État, le fit casser, et interdit par lettres patentes au Parlement de récidiver.

Le Parlement se serait sans doute incliné ; mais il apprit que des lettres patentes supprimant ses remontrances, et non encore enregistrées par lui, venaient d'être placardées sur les murs. Exaspéré par cette insulte publique, il fit lacérer solennellement les affiches royales par un de ses huissiers, précédé d'une trompette, sous prétexte que les épreuves ne portaient pas le visa de l'intendant. Cette insolence sans pareille [2] révolta l'entourage royal, qui ordonna un nouvel affichage, et l'enregistrement immédiat des lettres patentes. Le Parlement refuse et veut porter au trône de nouvelles remontrances que le roi rejette d'abord, puis finit par recevoir (18 mars 1765), mais auxquelles il répond alors en ces termes :

« Vous avez ordonné... à deux de mes sujets de contrevenir à mes ordres. Vous avez supprimé et fait arracher les arrêts de mon Conseil ; vous m'avez renvoyé mes lettres patentes par la poste. Votre cessation de service a ruiné ma province de Bretagne, et vous venez m'apporter des remontrances. C'est un excès de bonté de ma part de les recevoir..... Vos remontrances... sont écrites avec une chaleur que je désapprouve et j'en défends toute impression. Vous y dites que je n'ai pas été instruit ; rien n'est plus faux : j'ai lu tout ce

1. *Lemoy*, Remontrances du Parlement de Bretagne, 93-95.
2. Saint-Florentin l'appelle ainsi.

que vous avez fait, et on ne vous a rien adressé que je n'aie ordonné moi-même. Retournez sans délai à Rennes, que votre service soit repris dès le premier jour de votre rentrée ; je vous l'ordonne expressément. Je ne répondrai au reste que quand vous m'aurez obéi, c'est le seul moyen de mériter le retour de ma bienveillance [1]. »

DÉMISSION DU PARLEMENT

Ce langage du roi, loin d'intimider la majorité, l'enhardit. Le 6 avril, elle vota l'arrêté suivant :

La Cour, considérant que des magistrats que S. M. a traités aux yeux de toute la France comme coupables de désobéissance..., auxquels elle a imputé d'avoir ruiné une province confiée à leurs soins, ne peuvent plus porter avec décence le nom de magistrats,... a arrêté que le... Roi sera très humblement supplié de trouver bon qu'elle lui remette des pouvoirs dont elle la juge indigne...

En même temps, le Parlement envoyait aux autres Cours, en guise de testament, ses dernières remontrances, et confirmait l'arrêt de la Chambre des Vacations, ordonnant de surseoir à la levée des impôts. C'était mettre le marché en main au gouvernement : ou la capitulation, ou la cessation de service. Le roi ayant de nouveau cassé, les deux tiers des magistrats résolurent de rendre effective leur démission.

II. *L'AFFAIRE LA CHALOTAIS.*

Le gouvernement ne se pressa pas d'agir. Il voulait, avant tout, frapper quelques factieux et surtout le procureur général La Chalotais.

LE PROCÈS LA CHALOTAIS

Celui-ci était, semble-t-il, un homme prudent, timide, et peu désireux de se compromettre, car il tenait à pouvoir transmettre sa charge à son fils. Il avait attendu, pour requérir contre les Jésuites, d'être renseigné sur les dispositions des puissants et il s'était toujours attaché à calmer les esprits. Mais d'Aiguillon, qui le poursuivait d'une haine implacable et tenace, le représenta comme le chef de l'opposition. L'adversaire des Jésuites avait naturellement d'autres ennemis acharnés ; il fut bientôt perdu. Dans la nuit du 11 au 12 octobre, La Chalotais et son fils, et quatre conseillers [2] furent arrêtés et conduits en prison ou exilés. Puis le 13, les magistrats furent sommés d'enregistrer les édits bursaux, autrement

---

1. *Lemas*, op. cit., 118.
2. Le plus connu était la Gascherie.

le roi « pourvoirait autrement à l'exercice de la justice souveraine en Bretagne ». Sur le refus du Parlement, les démissions furent acceptées, leurs signataires exilés. Une commission extraordinaire, composée de conseillers d'État et de maîtres des requêtes, tint lieu provisoirement de Parlement. Elle enregistra sans délai les déclarations en souffrance (26 nov.) ; mais son objet était avant tout d'instruire le procès des La Chalotais, et c'est à quoi elle s'employa sans tarder.

LE « BAILLIAGE D'AIGUILLON » ET L'OPPOSITION PARLEMENTAIRE

Cette création d'un tribunal d'exception provoqua dans toutes les Cours souveraines de violentes protestations. Pour les apaiser, le gouvernement usa d'un subterfuge. D'Aiguillon fut chargé de constituer avec les magistrats non démissionnaires un Parlement réduit, qu'on appela le « bailliage d'Aiguillon », et qui eut tous les privilèges ordinaires de l'ancien ; mais les juges demandèrent à ne pas juger un collègue, et en conséquence, la commission extraordinaire, qui avait rendu ses pouvoirs le 13 janvier 1766, les reprit dès le 20.

Le monde parlementaire ne fut pas dupe de la comédie ; son opposition reprit d'autant plus violente qu'au même moment le Parlement de Pau subissait le sort de celui de Bretagne. Le centre du mouvement protestataire fut naturellement la Cour de Paris, qu'on regardait, malgré ses prétentions orgueilleuses et des différends passagers, comme la tête et la force principale du corps.

Deux idées furent mises en avant : organiser une Cour plénière, une sorte de Congrès des Parlements, ou remettre au roi les démissions de toutes les charges. Le premier projet était impraticable. Le second eut un assez grand succès, notamment à Rouen. Mais il se heurta à des méfiances.

« Quelques personnes... ont été jusqu'à dire... que, si l'on prenait le parti de donner des démissions, l'on n'était pas sûr qu'il n'y eût pas un quart de la Compagnie qui au bout d'un an, ne prît le parti qu'ont pris les rentrés de Rennes, au moyen de quoi ceux des autres magistrats qui auraient fait leur devoir seraient exposés à des emprisonnements, ou à être traités en criminels d'État[1]. »

On se résigna donc au vieux système, faire des remontrances réitérées, et rester les chambres assemblées. Mais le ton des remontrances racheta la modération du parti adopté. Les gens disposés à la conciliation en entendirent de dures. Le 14 février 1766, grand débat à Rouen.

Ceux qui ont opiné pour attendre... ont été *hués*, et on leur a

---

1. *Miromesnil*, Correspondance, t. IV, 155.

même fait l'honneur de leur dire tout bas, ou de leur faire entendre indirectement qu'ils étaient des lâches... [1].

Le Parlement de Paris loue (2 février 1766) ceux qui (F., II, 536)

« Fidèles aux devoirs de leur ministère,... n'ont pas craint, pour servir l'État et le Prince, de s'exposer à la calomnie de ceux dont ils ont eu à dévoiler les projets, les intrigues....

Il s'élève (11 février) (F., II, 541)

contre tout ce qui a été fait et pourrait l'être à l'avenir par les commissaires.., comme le tout étant nul, fait par l'impression du pouvoir arbitraire, par entreprise sur les lois du Royaume... ; se réservant au surplus ladite Cour de pourvoir ainsi qu'il appartiendra au maintien de l'ordre public et des lois de l'État....

L'ATTITUDE DE LA COUR :
LA « FLAGELLATION » DU PARLEMENT DE PARIS

A la Cour l'on envisage des mesures radicales. Mais, avant de les prendre, on veut d'abord terminer l'affaire de Bretagne. « C'est un furieux jeu d'échecs, écrit Laverdy ; ... avant de donner la loi, il faut s'être consolidé en Bretagne. » Le roi recourt donc aux moyens ordinaires, et tâche de gagner du temps. Il agit auprès du Parlement de Rennes, et fait réclamer maintenant par lui la connaissance du procès La Chalotais ; il se déclare prêt à la lui attribuer, dès que le Parlement sera en état de juger. Et comme ces petites habiletés sont vaines, il emploie aussi la manière forte. Il use des lits de justice, des réprimandes, des députations. L'exemple le plus célèbre de ces rigueurs est l'épisode dit de la « flagellation » du Parlement de Paris.

Le 5 mars 1766, Louis XV arriva subitement de Versailles au Palais. Le souverain, venu en manteau et habit violet, et non pas en manteau de cour, monta sur les hauts sièges et donna l'ordre au premier président d'assembler les Chambres, puis il fit donner lecture de l'allocution suivante dont le texte est attribué à Maupeou (F., II, 556) :

Ce qui s'est passé dans mes Parlements de Pau et de Rennes ne regarde pas mes autres Parlements ; j'en ai usé à l'égard de ces deux Cours, comme il importait à mon autorité, et je n'en dois compte à personne. Je n'aurais pas d'autre réponse à faire à tant de remontrances qui m'ont été faites à ce sujet, si leur réunion, l'indécence du style, la témérité des principes les plus erronés et

1. Id., IV, 145.

l'affectation d'expressions nouvelles pour les caractériser, ne manifestaient les conséquences pernicieuses de ce système d'unité que j'ai déjà proscrit et qu'on voudrait établir en principe, en même temps qu'on ose le mettre en pratique.

Je ne souffrirai pas qu'il se forme dans mon royaume une association qui fera dégénérer en une confédération de résistance le lien naturel des mêmes devoirs et des obligations communes, ni qu'il s'introduise dans la Monarchie un corps imaginaire qui ne pourrait qu'en troubler l'harmonie ; la magistrature ne forme point un corps, ni un ordre séparé des trois ordres du Royaume... C'est en ma personne seule que réside la puissance souveraine,... c'est de moi seul que mes Cours tiennent leur justice et leur autorité ;... la plénitude de cette autorité, qu'elles n'exercent qu'en mon nom, demeure toujours en moi, et l'usage n'en peut jamais être tourné contre moi ;... c'est à moi seul qu'appartient le pouvoir législatif sans dépendance et sans partage ; ...c'est par ma seule autorité que les officiers de mes cours procèdent, non à la formation, mais à l'enregistrement, à la publication, à l'exécution de la loi... ; l'ordre public tout entier émane de moi, et... les droits et les intérêts de la Nation dont on ose faire un corps séparé du Monarque sont nécessairement unis avec les miens et ne reposent qu'en mes mains...

Les remontrances seront toujours reçues favorablement quand... le secret en conservera la décence et l'utilité, et quand cette voie, si sagement établie, ne se trouvera pas transformée en libelles, où la soumission à ma volonté est présentée comme un crime, et l'accomplissement des devoirs que j'ai prescrits comme un sujet d'opprobre ; où l'on suppose que toute la Nation gémit de voir ses droits, sa liberté, sa sûreté prêts à périr sous la force d'un pouvoir terrible, et où l'on annonce que les liens de l'obéissance sont prêts à se relâcher : mais si, après... qu'en connaissance de cause, j'ai persisté dans mes volontés, mes Cours persévéraient dans le refus de s'y soumettre, ...le spectacle scandaleux d'une contradiction rivale de ma puissance souveraine me réduirait à la triste nécessité d'employer tout le pouvoir que j'ai reçu de Dieu pour préserver mes peuples des suites funestes de ces entreprises...

LA DÉFAITE DU GOUVERNEMENT

Les actes ne répondirent pas aux paroles : le Parlement de Paris put fatiguer le souverain de ses remontrances sans être frappé. En réalité le gouvernement semblait n'avoir qu'un but, obtenir la condamnation rapide de La Chalotais. La commission extraordinaire avait été dissoute ;

mais le Parlement de Rennes, maintenant saisi, ne pouvait juger vite.
Les avocats ne voulaient pas rentrer, et ne se décidèrent à revenir que
sur la menace d'être astreints au service de la milice et des patrouilles ;
puis les juges n'étaient pas nombreux : 21 magistrats sur 41 s'étant ré-
cusés, il suffisait de la moindre maladie pour empêcher toute activité.
Aussi d'Aiguillon imagine-t-il de disjoindre de l'accusation un chef, la
confection de billets anonymes injurieux pour le roi où les La Chalotais étaient impliqués. Et il fit accepter son plan à la Cour. Mais l'accusé principal devint fou ; le rapporteur désigné travaillait lentement ;
on multipliait les expertises d'écriture. Le gouvernement, lassé, décida
d'évoquer l'affaire au Conseil des parties. Alors ce fut de nouveau le
déchaînement des Cours souveraines. Paris, qui avait déjà été dessaisi
d'une procédure connexe, et auquel on avait arraché par force les dossiers de la cause, donna le branle. Après avoir protesté sans succès
auprès du roi, contre l'évocation, il convoqua les pairs qui naturellement ne vinrent pas. Mandé en corps à Versailles pour entendre de la
bouche du souverain la défense de continuer de s'occuper de l'affaire,
il répliqua le lendemain en arrêtant de nouvelles remontrances qui débu-
taient ainsi (F., II, 674) :

La réponse de V., M. aux dernières remontrances de votre Parlement, loin de calmer ses inquiétudes, n'a pu que les augmenter...
Si votre Parlement... a reconnu dans cette réponse la justice et la
sagesse qui inspirent à V. M. la volonté de maintenir l'exécution
des lois, il a vu avec autant de douleur que de surprise qu'on a
cherché à rendre illusoires les vues de V. M. en voulant autoriser
par les circonstances l'infraction de ces mêmes lois. L'empire des
lois d'ordre public doit toujours être supérieur aux circonstances...
et l'exemple d'une loi pliée et subvertie serait le présage et l'essai...
de l'anéantissement de toutes les autres...

Le Parlement fut invité à revenir le lendemain entendre la réponse
royale. A la surprise générale, ce fut la capitulation. Le Conseil, après
avoir examiné la cause et constaté l'inanité des preuves, jugea prudent
d'esquiver la publicité du débat. Laverdy pesa, semble-t-il, dans le sens
de l'amnistie, et Maupeou l'appuya. Le roi se prononça en ces termes
(F., II, 678) :

J'ai voulu connaître, par le procès que j'ai fait instruire, la source
et le progrès des troubles qui s'étaient élevés dans ma province de
Bretagne. Le compte qui vient de m'en être rendu m'a déterminé
à prendre le parti de ne donner aucune autre suite à cette procédure ; je ne veux pas trouver de coupables ; je vais faire expédier
des lettres de mon propre mouvement pour éteindre, par la plénitude de ma puissance, tous délits et toutes accusations à ce sujet,

et j'impose sur le tout un silence absolu. Au surplus, je ne rendrai ni ma confiance ni mes bonnes grâces à mes deux procureurs généraux de mon Parlement de Bretagne que j'ai jugé à propos d'éloigner de cette province.

CHUTE DU DUC D'AIGUILLON

Cette solution diminuait d'Aiguillon. Son bailliage ne se complétait pas. Jamais il ne compta plus de 56 membres parmi lesquels des estropiés et des malades. Incapable de tenir la place judiciaire de l'ancien Parlement, il s'avisa d'en reprendre le rôle politique, fit des remontrances, n'enregistra qu'avec restrictions, réclama le retour des exilés. Ce n'était pas la peine d'avoir provoqué un tel scandale pour en arriver là. Aussi d'Aiguillon se démit-il de sa charge. Après son départ, on s'attendit à la prochaine rentrée en grâce des anciens magistrats. Le gouvernement céda encore, et dès qu'il eût reçu une lettre des « démis » protestant de leur zèle, un édit reconstitua l'ancienne Cour souveraine qui reprit ses fonctions le 15 juillet 1768.

III. *L'AFFAIRE D'AIGUILLON.*

Les Parlementaires bretons voulaient plus encore : le rappel des exilés et leur réhabilitation. Celle-ci supposait un jugement, auquel les lettres royales faisaient obstacle. Le 22 décembre, les La Chalotais faisaient parvenir une opposition, qui fut reçue, aux lettres d'amnistie, et le Parlement de Rennes revendiqua dans des remontrances du 3 février le droit de juger les procureurs généraux. En même temps une campagne de presse furieuse se déchaînait contre d'Aiguillon qui, exaspéré, demanda et obtint de passer en justice. Il ne voulait pas reconnaître comme juges ses ennemis de Rennes : l'affaire fut portée devant le Parlement de Paris siégeant comme Cour des Pairs.

LE LIT DE JUSTICE DU 27 JUIN 1770

La Cour des pairs, qui se tint à Versailles le 4 avril 1770, cassa les procédures de Rennes et ordonna une nouvelle instruction. Tandis que La Chalotais se portait partie civile, le duc demandait à prouver « que depuis plusieurs années, il s'était formé une conjuration dans la province de Bretagne, pour le perdre par l'imputation des crimes les plus énormes ». Des deux côtés on allait soulever à nouveau les vieilles querelles, découvrir l'autorité du roi. Le danger apparut très grand au ministère : aussi décida-t-on d'étouffer l'affaire. Le 27 juin, Louis XV tint un lit de justice où il prononça la déclaration suivante (F., III, 121) :

S. M. manquerait à elle-même, si elle soumettait à une discus-

(97)

sion judiciaire les détails du gouvernement de son royaume... Elle n'a vu dans M. le duc d'Aiguillon que du zèle pour son service ; elle a été convaincue qu'il n'a fait qu'un usage légitime du pouvoir qu'elle lui a confié. Elle a senti plus que jamais la nécessité d'étouffer une fermentation, qui fait depuis trop longtemps le malheur de sa province de Bretagne et de ne pas lui fournir de nouveaux aliments dans une procédure qui ranimerait des divisions dont elle veut éteindre jusqu'au souvenir.

Mais, bien que d'Aiguillon fût resté en crédit, son inculpation avait fort ébranlé le pouvoir royal : après Fitz-James, après Harcourt, il prouvait qu'il en coûtait cher d'exécuter les ordres du prince. D'ailleurs les Parlements n'abandonnaient pas leur victime. Celui de Paris protestait contre les lettres patentes, les déclarait illégales, ordonnait la continuation de l'instruction, et suspendait d'Aiguillon des privilèges de la pairie. Son arrêt est cassé par le Conseil, le roi vient tenir un nouveau lit de justice pour lui imposer silence ; il n'en a cure, et arrête de reprendre sa délibération. C'est la révolte ouverte. Cette fois le Parlement a dépassé la mesure. Autour du souverain, les conseillers ont changé. D'Aiguillon arrive au pouvoir : Maupeou, devenu son collègue, s'engage à briser les résistances des Cours : tout va changer. La victoire des Parlements est suivie de leur suppression.

BIBLIOGRAPHIE. — Outre les ouvrages cités de LEMOY, MIROMESNIL, etc. ; BACHAUMONT, *Mémoires secrets* (éd. Ravenel). Paris, 1850, 2 vol. in-8 ; MARION, *La Bretagne et le duc d'Aiguillon*, Paris, 1898, in-8 ; POCQUET, *Le pouvoir absolu et l'esprit provincial*, Paris, 1900, 2 vol. in-12 ; CARRÉ (H.). *La Chalotais et le duc d'Aiguillon* (correspondance du chevalier de Fontette). Paris, 1893, in-8.

CHAPITRE VIII

LA FIN DES PARLEMENTS

I. *NÉCESSITÉ D'UNE RÉFORME.*

Il était démontré qu'on ne pouvait plus ni gouverner avec les Parlements, ni même attendre d'eux une bonne justice. Les abus initiaux s'étaient aggravés au cours du XVIII° siècle.

LE DISCRÉDIT DES PARLEMENTS

L'assiduité des juges, leur ardeur au travail diminuaient constamment. « Je suis pénétré de honte, écrivait Miromesnil, du peu d'expédition qu'ont eu les affaires particulières pendant le cours de l'année. » Les Parlementaires restent de plus en plus longtemps en vacances : certains ne veulent plus s'occuper que des affaires publiques. La qualité des membres n'a cessé de décroître : le recrutement devenant difficile, on a dû accepter tous les candidats. Le roi ayant voulu supprimer les dispenses en 1756, les Parlements protestent avec énergie et obtiennent le retrait de la mesure.

Les procès comme ceux de Calas, du chevalier de la Barre, ont discrédité la justice parlementaire auprès des hommes éclairés : depuis l'affaire de l'Encyclopédie, les philosophes sont hostiles aux Cours souveraines. Voltaire écrit, au 18e chant de la Pucelle, composé vers 1761 :

> Je les ai vus, ces héros d'écritoire,
> De nos bons rois ces tuteurs prétendus
> Bourgeois altiers, tyrans en robe noire,
> A leur pupille ôter ses revenus,
> Par devant eux le citer en personne,
> Et gravement confisquer sa couronne.
> Les gens de biens qui sont à vos genoux
> Par leurs arrêts sont traités comme vous.
> Protégez-les ; vos causes sont communes :
> Proscrit par eux, vengez leurs infortunes [1].

Une réforme s'impose donc, qu'on peut accomplir sans danger. La popularité des Parlements décroît auprès de la bourgeoisie comme le montre l'avilissement des charges.

Barbier écrit dans son Journal dès 1751 :

Il fallait, il y a cinquante ans, consigner 100 000 livres au trésor royal, dix ans avant, pour avoir une charge à son tour. Il y avait des anciens conseillers de Grand'Chambre qui avaient acheté leurs charges plus de 150 000 livres, il y a environ 80 ans... Aujourd'hui les charges de conseillers au Parlement sont à 34 000 livres, et il y en a plusieurs à vendre [2].

Miromesnil confirme cet avis en 1766 : « Les charges de magistrature n'ont jamais été à aussi bas prix qu'elles sont » et note qu'il y a en 1756 19 charges vacantes.

La popularité des Parlements décroît aussi auprès du peuple et le gouvernement, à sévir contre les Parlements, n'a point à redouter de révolte populaire. Miromesnil le sait et le dit dès 1766.

Je vois clairement le dépérissement de la magistrature. Lors de la démission du Parlement de Paris, lors de celle du Parlement de Rouen, lors de celle du Parlement de Pau, lors de celle du Parlement de Rennes, le public n'a paru y prendre qu'un médiocre intérêt. L'on en a été quitte à Paris pour quelques plaisanteries sur la chambre royale ; à Rouen tout a été tranquille pendant 4 mois environ qu'a duré la démission, et l'on a seulement murmuré du tort que le Parlement faisait à la province en cessant de rendre la justice. La province de Béarn a reçu avec joie son nouveau Parle-

---

1. *Voltaire*, Œuvres. IX. 291.
2. *Barbier*, Journal. III. 272.

ment et le public à Rennes a vu avec satisfaction la commission du Conseil vuider les prisons et juger les procès criminels. La détention de M. de la Chalotais, son arrivée à Rennes... ont été considérées comme un spectacle nouveau et intéressant ; mais elles n'ont excité aucune fermentation dans le pays même [1].

II. *LES PREMIERS ACTES DE MAUPEOU.*

Un homme eut le mérite de discerner la vérité et l'énergie nécessaire pour réaliser la réforme : Maupeou. Premier président du Parlement de Paris jusqu'en 1768, il connaissait à merveille la situation. Décrié pour ses mœurs et sa vénalité, il avait un renom justifié de souplesse et d'habileté. Vice-chancelier, il suivit pendant 2 ans une politique de conciliation ; puis, quand il eut vu l'intransigeance des Parlements et constaté l'impossibilité de demeurer au pouvoir en restant leur défenseur, il changea brusquement d'attitude, et conclut une sorte d'alliance avec d'Aiguillon et Terray. Le programme du triumvirat était l'abaissement des Parlements : il fut appliqué sans tarder.

LA SÉANCE DU 3 SEPTEMBRE 1770

Le Parlement de Paris ayant voulu continuer le procès d'Aiguillon, le roi ordonna dans la séance du 3 septembre 1770 le retrait du greffe des sacs relatifs à cette affaire : puis le chancelier adressa aux magistrats une sévère mercuriale (F., III, 156).

... S. M. vous défend, sous peine de désobéissance, toutes délibérations sur ces objets. Elle vous défend pareillement de vous occuper de tout ce qui n'intéresse pas votre ressort. Elle vous prévient qu'Elle regardera toute correspondance avec les autres parlements comme une confédération criminelle contre son autorité et contre sa personne. Elle donne ordre... de rompre toute assemblée où il serait fait aucune proposition tendante à délibérer sur les objets sur lesquels Elle vous a imposé silence, ainsi que sur tout envoi qui vous serait fait par les autres parlements.

Il semble que le gouvernement s'attendait à la cessation du service et comptait en profiter pour ordonner des mesures de rigueur : mais la Cour, sentant la gravité du moment, se contenta de délibérer sur la violence dont elle avait été l'objet, et remit au 3 décembre la suite de la discussion.

---

1. *Miromesnil*, Correspondance, IV, 113.

LES QUERELLES RELIGIEUSES ET PARLEMENTAIRES

LE RÈGLEMENT DU 28 NOVEMBRE

Maupeou profita du délai pour faire adopter par le roi un règlement sur la discipline qui devait réduire le Parlement à l'impuissance. On retrouve dans le préambule ce que Louis XV avait dit dans son discours de la flagellation sur les prétentions des Parlements et le droit souverain de sa couronne. Passant à l'exercice du droit de remontrances, le roi déclarait :

Lorsque, après avoir balancé les principes qui nous déterminent (et que souvent des raisons d'État ne nous permettent pas de leur révéler) avec les motifs qui les empêchent de procéder librement à l'enregistrement de nos volontés, nous persévérons... dans le dessein de les faire exécuter, nous n'exigeons point d'eux qu'ils donnent des suffrages qui ne s'accorderaient pas avec leurs sentiments particuliers... Nous ordonnons l'enregistrement de nos lois : ces lois doivent être exécutées sans contradiction ; il est du devoir de nos cours de les faire observer par tous nos sujets... et de poursuivre ceux qui tenteraient d'y contrevenir...

Art. 1. Nous défendons à nos cours de Parlement de se servir des termes d'unité, d'indivisibilité, de classes et autres synonymes..., d'envoyer à nos autres Parlements, hors les cas prévus..., aucunes pièces, titres... relatifs aux affaires qui seront portées devant elles..., de déposer en leurs greffes et délibérer sur les... arrêts et arrêtés faits ou rendus par d'autres parlements.

2. Voulons que... les officiers de nos Cours rendent à nos sujets la justice... sans autres interruptions que celles portées par les... ordonnances ; en conséquence nous leur défendons de cesser le service..., de l'interrompre en faisant prendre leurs places aux chambres assemblées, pendant les audiences, si ce n'est dans le cas d'absolue nécessité reconnue par le premier président..., de donner des démissions combinées et de concert, ou en conséquence d'une délibération ou vœu commun.

3. Nous leur permettons... de nous faire, avant l'enregistrement de nos édits..., telles remontrances... qu'ils estimeront convenables... leur enjoignant d'en écarter tout ce qui ne s'accorderait pas avec le respect qu'ils nous doivent. Lorsqu'après les avoir écoutés..., nous persévérerons dans notre volonté, et que nous aurons fait enregistrer en notre présence, ou par les porteurs de nos ordres, lesdits édits.... nous leur défendons de rendre aucuns arrêts, ou de prendre aucuns arrêtés qui puissent.

LA RÉSISTANCE DES PARLEMENTS

Le Parlement décida aussitôt des représentations qui furent vaines et annonça qu'il résisterait. Son premier président déclara au roi qu' « il ne peut ni ne doit... enregistrer un édit, dont l'enregistrement le couvrirait de honte aux yeux des peuples dès ce moment, et un jour à venir aux yeux du souverain ». Même dans le lit de justice qui eut lieu à Versailles, le 7 décembre 1770, et où le règlement fut enregistré, le premier président proteste et réserve tous les droits du Parlement contre un acte sur lequel il n'a pas délibéré. Et en attendant que le roi donne satisfaction à ses plaintes, la Cour suspend la justice, les Chambres restant assemblées. Des lettres de jussion lui sont adressées ; elle répond que, pour satisfaire à ce qu'elle doit à l'honneur de la justice, au service du Roi et au maintien de la constitution de l'État, elle ne peut y obtempérer et persiste dans ses précédents arrêtés.

Cet orgueilleux défi ne fut pas relevé tout de suite. Maupeou était trop occupé à renverser Choiseul pour pousser les choses à l'extrême ; et, lorsqu'il eut réussi à écarter son rival, il se savait entouré d'assez d'ennemis pour n'en pas vouloir grossir le nombre. Il se prêta, semble-t-il, à un compromis dont le prince de Condé fut l'auteur, mais auquel, contre toute attente, le Parlement refusa de souscrire. Le 7 janvier 1771, par 58 voix contre 53, il adopta un arrêté déclarant (F., III, 175) :

> ... que les lois du royaume lui ordonnent de ne point obtempérer aux lettres émanées des rois, qui seraient contraires à l'ordre de la justice et qui tourneraient au détriment de la chose publique ; qu'elle [la Cour] proteste donc, en renouvelant les protestations... déjà faites... contre toute exécution donnée audit édit ; qu'elle ne cessera d'y opposer la plus constante et la plus respectueuse réclamation, et qu'elle ne [le] reconnaîtra jamais comme loi de l'État...

Il fallait soumettre le Parlement ou se démettre. Maupeou le comprit, et sut convaincre de cette nécessité d'Aiguillon, Mme du Barry, et le roi. Le 18 janvier, les gens du Roi apportèrent aux Chambres des lettres de jussion, dont les premiers mots étaient « Avant que de punir votre désobéissance... ». En réponse la Cour déclara qu'elle attendrait « avec la résignation la plus respectueuse ... les événements ... dont elle se trouve menacée ». Dans la nuit du 19 au 20, des mousquetaires portèrent à chaque magistrat une lettre de cachet ainsi conçue (F., III, 182) :

> Monsieur, je vous fais cette lettre pour vous dire que mon intention est que vous ayez à reprendre les fonctions de votre office... et que vous ayez à vous expliquer et à remettre par écrit au porteur..., sans tergiversation ni détour, par simple déclaration de oui ou non,

votre acquiescement ou votre refus, signé de votre main, de vous soumettre à mes ordres...

LA FIN DU PARLEMENT DE PARIS

Mais la plupart des magistrats refusèrent ; il n'y eut guère que 38 acceptations valables. Le Premier président autorisa l'assemblée des Chambres que le doyen Fermé présida, en l'absence des présidents, retenus par les ordres du roi : ses membres affirmèrent une dernière fois leur volonté de persister dans leur arrêté, puis sortirent solennellement de la façon suivante (F., III, 183) :

Entre 9 et 10 heures du soir, l'assemblée étant terminée, les portes de la Grand'Chambre s'ouvrent, et l'on en voit sortir d'abord les huissiers frappant de la baguette devant le doyen..., ensuite le doyen, âgé de 82 ans, s'appuyant sur un secrétaire de la Cour, et tenant dans ses mains tremblantes la déclaration..., puis tous les présidents et conseillers en ordre de cour et marchant très posément deux à deux, éclairés par des flambeaux que portaient leurs domestiques, lesquels se rendent en l'hôtel de M. le Premier Président, où se trouvaient pour lors les présidents à mortier et remettent la déclaration... à ce magistrat... Les personnes qui furent les témoins de cette cérémonie, triste et fort ressemblante à des funérailles, ne purent s'empêcher d'être attendries jusqu'aux larmes...

La réponse royale fut la confiscation des charges et l'exil. Elle n'empêcha pas les présidents, ni même les membres épargnés d'affirmer leur solidarité avec leurs collègues : ils furent à leur tour frappés : il ne restait plus rien de l'ancien Parlement de Paris.

III. *LE PARLEMENT MAUPEOU.*

Il fallait maintenant construire. Maupeou s'adressa d'abord au Grand Conseil, l'adversaire né des Parlements, dont déjà, en 1768, on avait étendu la compétence pour le préparer à les remplacer ; contre toute attente, il s'y refusa. Maupeou recourut alors au système ordinaire des commissions, formées de membres du Conseil d'État : mais il lui donna une ampleur nouvelle en transformant en Parlement provisoire le conseil des parties tout entier : puis il préluda à la réorganisation judiciaire en créant les conseils supérieurs par l'édit suivant :

LA CRÉATION DES CONSEILS SUPÉRIEURS

Après avoir pourvu au besoin du moment, nous avons porté plus

loin nos regards, et nous avons senti que l'intérêt de nos peuples,
le bien de la justice et notre gloire même sollicitaient, dans ces circonstances, la réforme des abus dans l'administration de la justice :
nous avons reconnu que la vénalité des offices, introduite par le
malheur des temps était un obstacle au choix de nos offices, et éloi-
gnait souvent de la magistrature ceux qui en étaient les plus dignes
par leurs talents et par leur mérite ; que nous devions à nos sujets
une justice prompte, pure et gratuite, et que le plus léger mélange
d'intérêt ne pouvait qu'offenser la délicatesse des magistrats chargés
de maintenir les droits inviolables de l'honneur et de la propriété ;
que l'étendue excessive du ressort de notre Parlement de Paris était
infiniment nuisible aux justiciables, obligés d'abandonner leurs familles pour venir solliciter une justice lente et coûteuse ; que déjà,
épuisés par les dépenses des voyages et des déplacements, la lon-
gueur et la multiplicité des procédures achevaient de consommer
leur ruine, et les forçaient souvent à sacrifier les prétentions les plus
légitimes ; enfin, nous avons considéré que l'usage qui assujettit les
seigneurs aux frais qu'entraine la poursuite des délits commis dans
l'étendue de leurs justices, était pour eux une charge très pesante,
et quelquefois un motif de favoriser l'impunité.

En conséquence, nous nous sommes déterminés à établir dans
différentes provinces, des tribunaux supérieurs, dont les officiers
nommés gratuitement par nous, sur la connaissance de leurs talents,
de leur expérience, et de leur capacité, n'auront d'autre rétribution
que les gages attachés à leurs offices... ; si, pour remplir ces vues,
nous avons été forcé de resserrer la juridiction contentieuse de notre
Parlement de Paris, nous nous sommes fait un devoir de lui conserver d'ailleurs tous ses droits et toutes ses prérogatives, déposi-
taire des lois, chargé de les promulguer, de les faire exécuter, de
nous en faire connaître les inconvénients, et de faire parvenir jusqu'à nous les besoins de nos peuples, juge enfin de toutes les questions qui intéressent notre couronne et les droits des pairs... A ces
causes, voulons

1. Nous... établissons... dans les villes d'Arras, de Blois, de
Clermond-Ferrand, de Lyon et de Poitiers, un tribunal... sous la
dénomination de conseil supérieur, qui connaitra au souverain et en
dernier ressort de toutes les matières civiles et criminelles dans toute
l'étendue des bailliages qui formeront son arrondissement..., à l'exception... des affaires concernant les pairs et les pairies, et des
autres matières dont nous réservons la connaissance à notre Parlement de Paris.

2. Ledit conseil supérieur sera composé d'un premier président, de 2 présidents, de 20 conseillers, d'un nôtre avocat, d'un nôtre procureur, de 2 substituts... d'un greffier civil, d'un greffier criminel, de 24 procureurs et de 12 huissiers [1].

LA RÉORGANISATION DU PARLEMENT

Mais le Conseil ne pouvait suffire à sa tâche : les avocats faisaient grève ; les anciens conseillers refusaient leurs sacs à dossiers : Maupeou comprit la nécessité d'agir vite : il profita des dispositions favorables des gens du Grand Conseil, qui, satisfaits d'avoir affirmé leur solidarité avec l'ancien Parlement, désiraient profiter de sa chute pour accroître leur autorité. Il fit prononcer la suppression des anciennes Cours souveraines, Cour des Aides, Grand Conseil, et avec une partie de leurs membres, constitua un nouveau Parlement.

IV. *DANS LES PROVINCES.*

La plupart des Parlements se solidarisèrent avec celui de Paris.

LES PROTESTATIONS DES COURS. — LEUR SUPPRESSION

Parmi ces textes, on peut citer comme les plus hardis, l'arrêté de Rennes du 16 mars 1771 et celui de Rouen du 26 février. Le premier réclamait l' « Assemblée générale de la nation » ; le second justifie la résistance des magistrats en ces termes :

Si le magistrat... doit, au premier commandement, violer les lois..., quelle classe d'hommes fournira désormais ceux que vous donnerez pour juges à vos peuples... Le bien de votre service exige... que l'on oppose une respectueuse résistance lorsque votre autorité se tourne contre elle-même... La résistance de la part de vos sujets, est *désobéissance* ; de la part des corps de magistrature, elle ne peut tendre qu'à maintenir la loi, et elle est un devoir [2].

Aussi la plupart des Cours furent-elles frappées. Maupeou suivit partout la même méthode. Il attendit, pour sévir, l'époque des vacances, convoqua les magistrats subitement par lettres de cachet, fit enregistrer ses édits par des hauts commissaires, et exila dans leurs terres les parlementaires frappés. On peut donner comme exemple ce qui se passa à Aix (1er oct. 1771).

1. Appartements [illegible] moyennant qu'aucune taxe n'était plus exigée.
2. [illegible], VI, [illegible].

LA SUPPRESSION DE LA COUR D'AIX

Lundi 30 septembre à 5 heures du soir, 6 officiers du régiment d'Aquitaine, accompagnés de plusieurs grenadiers, sergents et caporaux, distribuèrent à tous les MM. de l'ancien Parlement des lettres de cachet qui leur ordonnaient de se rendre le lendemain matin au Palais. Le lendemain à 7 heures du matin, toutes les avenues du palais furent gardées par des cavaliers de maréchaussée. M. de la Rochechouart, et M. Le Noir, maître des requêtes, furent au Palais, entrèrent dans la Chambre du Conseil du nouveau. Ils commencèrent par faire faire la lecture des lettres patentes portant leur commission et de l'édit portant suppression de tous les offices du Parlement. Cette lecture faite, M. de la Rochechouart ordonna de requérir l'enregistrement des lettres patentes et de l'édit ; ce que M. le Blanc de Castillon refusa de faire, disant qu'il était souverainement injuste de l'obliger à requérir l'enregistrement d'un édit qui leur était si peu favorable. M. Le Noir ordonna d'office l'enregistrement qui fut tout de suite couché sur les registres de la Cour. Après quoi tous les membres eurent l'ordre de se retirer. A mesure que les MM. du Parlement sortaient, un gentilhomme de M. de la Rochechouart leur distribuait à chacun des lettres de cachet qui leur ordonnaient de se retirer dans leurs terres ou autres lieux ; l'attendrissement fut général lorsque les MM. descendirent du Palais. Les lettres de cachet étaient en blanc et on a laissé la liberté à ces MM. de choisir le lieu de leur exil[1].

LES NOUVEAUX PARLEMENTS

A la place des Cours disparues, Maupeou en établit d'autres : une partie des ressorts fut répartie entre des conseils supérieurs ; il y en eut un à Bayeux, un à Montpellier, etc. Le recrutement s'opéra d'une manière variable selon les provinces. Tantôt il y eut dans le personnel des Cours souveraines assez d'acceptants pour former le nouveau tribunal. A Aix, par exemple, la Cour des Comptes accepta l'offre du gouvernement, et voici d'après l'historiographe Moreau pour quelles raisons.

Deux choses contribuèrent beaucoup à faire acquiescer ma compagnie aux propositions du chancelier ; l'une l'y disposa, l'autre l'y détermina. La première furent les insultes dont M. d'Albertas[2] avait été le plastron à son retour dans sa patrie. MM. du Parlement débitaient qu'il avait été mandé à Paris par le chancelier pour concer-

1. *Journal de la suppression du Parlement d'Aix*
2. *Premier président de la Cour des Comptes.*

ter avec lui leur ruine..., ils l'accablèrent d'impertinences ; il fut arrêté qu'ils ne lui rendraient ni visites, ni même le salut, sa maison se trouva déserte, et un conseiller au Parlement eut la bassesse de se charger de veiller à sa porte pour empêcher que quelques gens, plus sages, ne manquassent à ces engagements ridicules. Les femmes imitèrent leurs maris... La Cour des comptes irritée de ces procédés malhonnêtes, se sentit par là toute portée à écouter les propositions du chef de la justice. Mais ce qui la décida fut le parti que prit M. de Montclar d'envoyer au ministre au nom du Parlement, un mémoire par lequel celui-ci offrait d'enregistrer l'édit de M. le Chancelier de se soumettre à tout, et de devenir nouveau Parlement comme les autres à condition qu'on nous supprimât [1].

Tantôt il fallut faire appel à de nouveaux titulaires, par exemple en Normandie.

V. *LE RAPPEL DES PARLEMENTS.*

Les mesures de Maupeou ne furent pas accueillies partout avec colère. Il en fut ainsi, par exemple, à Aix.

L'OPINION PUBLIQUE FAVORABLE

Le peuple n'avait point, en Provence, ces préjugés terribles qui s'opposaient à Paris au choix que l'on eût voulu y faire. L'ancien Parlement... était extrèmement despotique ; ses membres étaient les maîtres et les rois du pays, et possesseurs de toutes les grandes terres, ils vexaient un peu, sans que l'on pût jamais avoir justice contre eux. Il y a même dans ce pays là un très ancien proverbe qui conçu en patois signifie : Le Parlement, le mistral, la Durance sont trois fléaux de la Provence [2].

L'opinion des philosophes et des gens éclairés fut incertaine. Voltaire appuya chaleureusement la réforme de Maupeou, et publia plusieurs opuscules pour la défendre [3]. Il écrivit : « C'est la grâce la plus signalée qu'un monarque ait jamais conférée à son peuple [4]. » Condorcet se montra encore plus approbateur que Voltaire : le défenseur de Lally Tollendal et du chevalier de la Barre n'avait jamais pardonné aux Parlements.

1. *Moreau, Souvenirs,* I, 255.
2. *Ibid.,* 275.
3. *Réponse aux remontrances de la cour des aides, Fragment d'une lettre de Genève,* etc.
4. *Œuvres,* XXVIII, 382.

L'OPINION PUBLIQUE HOSTILE

Mais, dans beaucoup d'endroits, la réforme de Meaupeou fut accueillie par une hostilité sourde ou déclarée. A Rennes, ce fut, semble-t-il, le premier cas.

En sortant du palais, nous vîmes bien du monde attroupé sur la place et sur la figure de chacun un air de curiosité, mais rien de plus.

A Rouen, ce fut presque l'émeute. Les nouveaux magistrats partirent ensemble de l'hôtel de l'intendance, tambours battants, trompettes sonnantes, en carrosses, escortés de la compagnie de la cinquantaine et des arquebusiers. Il y avait une multitude prodigieuse de gens, venus dès le matin assiéger les avenues du palais, et qui, pendant le passage du cortège, gardèrent un silence hostile.

Puis la foule s'élança à la suite des nouveaux magistrats, força les portes de la Grand'Chambre avec des huées et des cris. L'élection de Rouen refusa d'enregistrer l'édit; l'hôtel de ville fit de même, s'abstint de visiter le nouveau président, de lui offrir le « vin de ville ». Le présidial de Caen protesta contre la création du conseil supérieur de Bayeux, en déclarant qu'il ne lui obéirait jamais. Une requête au roi, signée à Caen par 271 gentilshommes, fut portée de château en château et se couvrit de signatures. Des pamphlets violents parurent en foule, où l'on insistait sur les droits de la province et où l'on engageait la noblesse à résister au besoin par la force. Les hôteliers refusèrent de loger les magistrats intrus, les avocats de plaider, des prisonniers mêmes de monter à l'audience. Seul le clergé se montra favorable à la réforme.

LE DISCRÉDIT DU PARLEMENT MAUPEOU

L'excitation toutefois n'aboutit à aucun trouble sérieux, et quelques lettres de cachet en vinrent à bout. Maupeou, content d'avoir vaincu, pardonna facilement. Les procureurs plaidèrent à la place des avocats, qui durent bientôt céder, et le cours de la justice redevint normal. Mais es Parlements Maupeou restèrent discrédités et se discréditèrent eux-mêmes davantage. En général la composition en avait été fâcheuse, et ce n'étaient pas les meilleurs qu'on avait conservés.

... Comme tous ceux qui avaient été invités au festin ne consentirent pas à en être, il fallut faire entrer dans la salle les boiteux, les borgnes, et tout ce qu'on avait ramassé où l'on avait pu[1].

A Rouen, on fit d'un ancien avocat censuré un procureur général : plusieurs des magistrats étaient criblés de dettes.

1. *Moreau*, op. cit., I, 250.

LES QUERELLES RELIGIEUSES ET PARLEMENTAIRES

Mais le coup le plus dur que reçurent les Parlements Maupeou leur vint de Beaumarchais, qui leur fit leur procès, en la personne du juge Goezman qui avait rapporté son affaire. Goezman, accusé et convaincu d'avoir accepté des présents pour recevoir l'écrivain, fut destitué, et Beaumarchais, qui avait été blâmé, fut l'objet de telles ovations que le lieutenant de police Sartine le fit venir, à ce qu'on dit, et lui tint ce propos : « Monsieur de Beaumarchais, ce n'est pas tout d'être blâmé, il faut encore être modeste. »

L'œuvre de Maupeou n'était donc pas durable. Le Roi s'était engagé à ne jamais rappeler les anciennes Cours ; et jusqu'à sa mort, il ne fut pas question de changement. Mais on prévoyait que son successeur ne partagerait pas sa rancune, et, de fait, un des premiers actes de Louis XVI fut le rappel des Parlements.

LE RAPPEL DU PARLEMENT DE PARIS
(12 nov. 1774.)

Le roi prononça d'abord les paroles suivantes (F., III, 232) :

Le roi, mon très honoré... aïeul, forcé par votre résistance à ses ordres réitérés a fait ce que le maintien de son autorité et l'obligation de rendre la justice à ses sujets exigeaient de sa sagesse. Je vous rappelle aujourd'hui à des fonctions que vous n'auriez jamais dû quitter. Sentez le prix de mes bontés et ne les oubliez jamais. Vous entendrez la lecture d'une ordonnance dont les dispositions sont prises dans la lettre et dans l'esprit de celles des rois mes prédécesseurs. Je ne souffrirai jamais qu'il y soit porté la moindre atteinte.

Puis le roi ordonna à Miromesnil de prendre la place de Chancelier, à Seguier celle d'avocat général, à Joly de Fleury, celle de procureur général, à d'Aligre, celle de premier président, puis tous les magistrats se placèrent dans l'ordre accoutumé, et selon les formes traditionnelles, il fut procédé à l'enregistrement de plusieurs édits et déclarations portant rétablissement des Parlements, suppression des conseils supérieurs, restauration de Grand Conseil, où devaient être admis les Parlementaires de 1771. Ainsi fut ruinée en quelques instants toute l'œuvre de Maupeou.

BIBLIOGRAPHIE. — DUBOUT (Axel). *La fin du Parlement de Toulouse*, 1890, in-8 ; *Journal de la suppression du Parlement d'Aix* (Souvenirs et mémoires, t. III, 1889, p. 216-223) ; MOREAU, *Mes Souvenirs*, t. I, Paris, 1898, in-8 ; VOLTAIRE, Œuvres, (éd. Moland), Paris, 1877-1882, in-8 ; CONDORCET, Œuvres (éd. Arago-O'Connor), t. I, Paris, 1847, in-8 ; *Correspondance inédite avec Turgot* (éd. Henry), Paris, 1882, in-8 ; CARRÉ, *La fin des Parlements*, Paris, in-2, in-8.

TABLE DES MATIÈRES

Chapitre V.

LA CONDAMNATION DES JÉSUITES

Chapitre VI.

LA RÉVOLTE DES PARLEMENTS

Chapitre VII.

LES AFFAIRES DE BRETAGNE : D'AIGUILLON ET LA CHALOTAIS

Chapitre VIII.

LA FIN DES PARLEMENTS

CHARTRES. — IMPRIMERIE DURAND, RUE FULBERT.

www.ingramcontent.com/pod-product-compliance
Lightning Source LLC
LaVergne TN
LVHW021858170726
843503LV00003B/1298